筑摩選書

戸谷由麻
Totani Yuma
デイヴィッド・コーエン
David Cohen

実証研究　東京裁判

被告の責任はいかに問われたか

実証研究　東京裁判　被告の責任はいかに問われたか　目次

実証研究　東京裁判

被告の責任はいかに問われたか

まえがき

現代における東京裁判の意味

本書は、第二次世界大戦後に日本の国家指導者を裁いた極東国際軍事裁判（一九四六〜八年）、通称「東京裁判」を概説する。なかでも、検察側と弁護側とのあいだの争点と、多数派判事の著した判決に示された事実認定と法見解に光を当てる。

読者の皆さんは、「東京裁判の結審以来、すでに七五年が過ぎ去りつつあるのに、いまさらなぜ、裁判の概説を試みるのか」と思うかもしれない。その疑問への答えはふたつある。

第一に、今世紀に国際正義の実現を求めつづけるわたしたちには、今でも東京裁判から学びとることが多くあるからだ。そもそも東京裁判所は、先例のニュルンベルク裁判所（一九四五〜六年）につづいて、侵略犯罪・戦争犯罪・人道に対する犯罪が国際犯罪を成す、と認めた。そして、これらの罪を犯した者は個人刑事責任が問われる、との判定を下した。これらの法見解は、そののちに「ニュルンベルク原則」として定式化され、国際秩序の基本原理となった。今日の日本は、それを支持し強化する一国家である。

ドイツと日本は、この点で共通している。両国は戦後、アメリカからの経済援助と冷戦構造のもと経済大国に成長し、やがて、国連の加盟国あるいはEUやNATOの主要なパートナーとして、ニュルンベルク原則を実践するようになった。例を挙げると、冷戦後に両国は、旧ユーゴ・ルワンダ国際刑事法廷やカンボジア特別法廷、ハーグ常設国際刑事法廷などの設立や運営に協力してきた。また、二〇〇〇年と二〇〇七年にドイツと日本はそれぞれ、ハーグ常設国際刑事裁判所に適用される「ローマ規程」を批准した（「ローマ規程」は外務省ウェブサイトに掲載）。二〇二二年二月二四日にロシアがウクライナ侵攻をはじめるや、両国ともに欧米諸国と協力し、対ロシア制裁やウクライナ支援の対応をとったことも記憶に新しい。

このように現在、国際正義を擁護するドイツと日本は、旧ナチス・ドイツと大日本帝国を継承する国家でもある。両国の市民は、この歴史をあらためて想起し、戦犯裁判の継承国として何を学び今世紀に生かしていくのか、時の経過にかかわらず考えていくべきだと思われる。

第二に、従来の裁判研究には偏りがあり、そのため裁判の全貌が未だにあきらかにされていない。たしかに過去七〇余年にわたり、東京裁判に関する概説書・学術論文・論評その他が数多く刊行された。しかし、内外の裁判論は、近年まで主に政治・外交史を基調とした。概説書等でも、裁判のくわしい要約は書かれてきたが、法廷で争われた責任論を分析するものは少ない。それに加えて、従来の裁判論では、「日本無罪論」で知られるインド代表判事ラーダビノード・パルの個別反対意見や、オランダ代表判事B・V・A・レーリンクによる個別反対意見が、もっぱら話題となった。他方、本来の東京判決である多数意見は軽視され、判決そのものの実証研究は立ち遅れたままだった。

このような経緯から、東京判決七五周年を迎える二〇二三年でも、司法事件としての東京裁判をどう歴史的に評価するかは、これから開拓されるべき課題である。そのため、今日あらためて東京裁判の記録に立ち返り、その審理や判決の内容を研究する価値は、十分あると思われる。

本書の成り立ち

本書は、拙著 *The Tokyo War Crimes Tribunal: Law, History, and Jurisprudence*（『東京戦争犯罪裁判所――法、歴史そして法理学』ケンブリッジ大学出版局、二〇一八年）を底本とする。同書から、検察側の起訴事実と立証内容、弁護側の反証内容、そして多数意見に関する三つの部分をとりあげ、大幅に再構成した。

なお同書には、パル個別反対意見、レーリンク個別反対意見、オーストラリア代表判事兼裁判長ウィリアム・F・ウェブ卿による個別賛意意見、そして、ウェブによる未刊行の判決書草稿（以下「ウェブ判決書草稿」）を論じた部分がある。それらは先に、『東京裁判「神話」の解体――パル、レーリンク、ウェブ三判事の相克』（ちくま新書、二〇一八年）として、世に送りだした。三判事に関する論述を先にまとめて出版した理由は、従来の裁判論で三判事について誤った通念があり、それが東京裁判の歴史的意義を歪めるのみならず、今日の日本が国際正義に果たす役割も阻害しかねないと危惧されたからだ。

本書『実証研究　東京裁判――被告の責任はいかに問われたか』では、あくまで法廷での検察側立証と弁護側反証および多数意見をとりあげ、パル、レーリンク、ウェブ判事による意見はとりあつかわない。フランス、フィリピン代表判事による個別意見も、*The Tokyo War Crimes Tribunal* で論じているため、ここには含まない。ただし、未刊行のウェブ判決書草稿には若干触れる。なぜなら、同判決書草稿は多数意見と比べると、法理論・事実認定・個人に対する判定といったあらゆる点で優れ、もし公表されていたならば、戦後の裁判論を一変させたと予想される重大な歴史書だからだ。そこで、多数判決との比較で必須と判断される範囲で、同判決書草稿も合わせて論じる。包括的な分析は、『東京裁判「神話」の解体』を参照していただきたい。

本書の構成

本書は終章も含め、全部で六つの章から成る。

第一章では、まずその前半で、アジア太平洋戦争がどう終結へと導かれたのかを概観する。そして、連合国側が枢軸国の戦争犯罪人について、終戦前後にどのような政策を形成したのかをたどる。章の後半では、東京裁判の主な流れや、裁判の諸規則の特色、検察側の収集した証拠の特徴、といった事柄をあつかう。

第二章は、東京裁判での起訴内容のうち「平和に対する犯罪」に絞りこむ。はじめに、起訴状に含まれた起訴事実と法理論をあきらかにする。そして、東京裁判に先んじて結審したニュルンベルク裁判に触れつつ、検察側と弁護側が法廷でそれぞれ展開した論をたどる。この章の後半では、検察側が重視した「共同謀議論」に着目し、日本の国家指導者が侵略戦争を遂行する共同謀議に参加した、という検察側の主張が、法廷でどこまで立証できたのかを考察する。

第三章では、アジア太平洋戦争期の日本政府の組織や運営について、法廷で進められた論をたどる。従来の裁判研究では、戦時下の日本政府の実態に関する立証や反証は、あまり注目されてこなかった。しかし、この問題に関する審理は、被告人がどのような権限を有し、また行使して犯罪に関与したのかという、責任問題のかなめとなるところだ。そのため、裁判研究でも重視されるべき内容である。そこで本章では、公判当初から裁判終盤にかけて展開された日本政府組織論をたどり、検察側と弁護側とのあいだの接点や相違点をあきらかにする。

第四章では、もうひとつの起訴内容「戦争犯罪」に目を転じる。まずは起訴状に立ちかえり、検察側による起訴事実と責任の法理論を分析する。つづけて、法廷で展開された検察側の立証と弁護側の反証をたどり、双方のあいだで争われた事実関係や法理論をあきらかにする。

第五章では、東京裁判所の正式な判決にあたる多数意見に絞りこみ、法廷で争点となっていた諸問題を、多数派判事がどう解決したかを探る。判決は長文で複雑な構造なため、章の冒頭では、判決書の構成を紹介する。そのあとに、起訴内容に対する多数意見の事実認定や法解釈をたどる。また本章では、各被告人に対する判定について、紙面が許す限り多くの事例を紹介しつつ、多数派判事が個人責任論をどのように適用したのかを検証する。

終章では、東京裁判の責任論が、今日の国際刑事法廷でどう生きているかを考察する。この章では主に、ハーグ常設国際刑事裁判所のローマ規程と東京判決とを比べ、今世紀に継承されている東京裁判の遺産と将来の課題を考える。

ウェブ判決書草稿について

ウェブ裁判長による判決書草稿は、六五八ページにおよぶ長文の判決書であり、多数派判事が採用するよう望みつつ、ウェブが著したものだった。しかし、多数派判事はそれを受け入れなかった。最終的にウェブは、判決書草稿のうち天皇の責任問題などを論じた部分を抜粋し、「裁判長による個別意見」と題した短い意見にまとめ、それのみを公表した。

ただし、個別意見の「序」でウェブは、判決書草稿を準備していたことに言及している。そして、同草稿では、「各被告人については、本官は自分の判決の三八〇頁以上を個人のケースに費やし、起訴状をめぐるいくつかの予備的な考察、被告人に帰せられる認識、そして処罰に関する考慮もそこに含まれる」と記した。この記述は、個人に対する判定が不徹底だった多数意見を、暗に批判するものである。というのは、英文刊行資料 Neil Boister and Robert Cryer（eds.）, *Documents on the Tokyo International Military Tribunal*（Oxford University Press, 2008）では、多数意見は全五四八ページあるが、そのうちたった二九ページが個人の判定に費やされ、その内容は不備不足が多かったからだ。

おそらくウェブ自身、判決書草稿が多数意見より優れていると認識していた。では、なぜその全文を公表しなかったのか。そのかわりになぜ、「裁判長による個別意見」を提出するにとどめたのか。これらの問いについては、『東京裁判「神話」の解体』で考察した。

ウェブ判決書草稿全文（英文）は、ハワイ大学図書館のデジタル・ヒューマニティーズ・プロジェクト War Crimes Documentation Initiative（ＷＣＤＩ）にてオンライン閲覧でき、テキスト検索もできるので、読者の皆さんにも利用していただきたい。

引用の表記・資料・人物の階級について

本文で史料を引用するときは、読みやすさを重視し、旧字体は新字体に改め、カタカナ表記はひらがなに改め、句読点をほどこすなどの修正を適宜加えた。人名も、「東條」を「東条」、「廣田」を「広田」というふうに、旧字体から新字体に改めた。爵位をもった人物や軍人が初出するときは、終戦時の階級をわかる範囲で示した。

国際犯罪の類型「crimes against peace」、「crime of aggression」、「crimes against humanity」の和訳は、「平和に対する犯罪」、「侵略犯罪」、「人道に対する犯罪」といった具合に、crime を「犯罪」の訳で統一した。しかし、引用する和文史料に「平和に対する罪」や「人道に対する罪」の表記が使われている場合は、「罪」のままで引用した。

英文の資料（裁判の公判記録、国際条約、外交文書等）から引用するときは、刊行資料に和訳がある場合は和訳を利用し、訳し切れていないところや誤訳がある場合は、本文中にその旨を指摘した。出典は、文中に記すときは、『極東国際軍事裁判速記録』全一〇巻（雄松堂、一九六八年）は『速記録』、英文の裁判記録の刊行資料 Boister and Cryer (eds.), *Documents on the Tokyo International Military Tribunal* は *Documents* と略し、同様にして、R. John Pritchard et al. (eds.), *The Tokyo War Crimes Trial* は *Transcripts* というふうに、省略した形で示した。

第一章　裁判の歴史的文脈と枠組み

1　戦争から平和へ

太平洋戦争の行方

ヨーロッパにおける第二次世界大戦は、一九三九年九月一日にドイツがポーランドを侵攻したことに始まる。アジア太平洋地域ではそれより早く、一九三一年九月一八日に日本の関東軍が始めた満洲事変に起因した。

日本はその後、中国東北地方で軍事行動を続行し、政治的にも経済的にも支配を拡大した。そのため、日中関係は悪化の一途をたどった。一九三七年七月には、現在の北京郊外で武力衝突が勃発した（盧溝橋事件）。その半年後、日本政府は中華民国（以下「中国」）に対して全面戦争を遂行する政策を採用した。

つづく三〜四年のあいだに、日中戦争は膠着状態に陥った。日本はこの頃から、中国大陸で続行する軍事行動のみならず、一九四〇年春以降の欧州戦局の激動に乗じた仏印への進駐について、西側諸国から経済制裁を受けるようになった。対外政策に行き詰まった日本政府は、一九四一年秋に対英米蘭戦を決意した。そして、同年末には中国大陸を含むアジア太平洋の広域において、多面戦争を開始するに至った。

太平洋戦線では、マレー侵攻・フィリピン戦・パールハーバー襲撃の三つ巴で始めた緒戦で、日本陸海軍は大きな戦果をおさめた。そして、資源確保のため必須と目されていた蘭領東インド全域は、早くも一九四二年三月上旬に日本軍の手に落ちた。しかし、ビスマルク諸島・ソロモン諸島・東部ニューギニアを包含する南太平洋戦線では、日本軍による侵攻当初から連合国側は空軍力を集結させ、執拗に防衛戦を展開した。珊瑚海海戦（同年五月上旬）と、中部太平洋でのミッドウェー海戦（同年六月上旬）では、米海軍が帝国海軍に多大な損害を及ぼした。

さらに、同年八月七日に米軍は、日本側が軍用飛行場を建設したばかりのソロモン諸島南端ガダルカナル島に侵攻した。それと並行して、東部ニューギニアでも、米豪軍による本格的な反攻が始まった。南太平洋の戦略的意味は次第に、単なる外郭防衛地域ではなく、大日本帝国自体の存亡を左右する決戦の場へと変貌していった。

こうして、一九四二年半ばから日本と連合国は、それぞれの陸・空・海軍力を行使し、南太平洋で熾烈な戦闘をくりかえした。しかし、日本の敗戦を決定づけたのは、南太平洋戦線ではなく、一九四三年秋に米海軍が開始した中部太平洋での反攻であった。同年一一月二〇～二四日、英領ギルバート諸島タラワおよびマキン（当時日本海軍の占領下）にて、双方に多大な死傷者をだす激戦がくりひろげられたのである。それぞれの占領地を守備していた日本軍部隊は、数日の戦闘のすえ壊滅した。以後タラワ・マキンは、日本本土への軍事攻撃を最終目的とする連合軍の、重要な前衛基地となった。

アメリカ合衆国、イギリス、中国の三政府首脳が、将来の対日軍事行動についてカイロで共同声明を発したのは、タラワ・マキン戦が終了した直後のことであった。

同声明で三大同盟国は、「海路、陸路及空路に依り其の野蛮なる敵国に対し仮借なき弾圧を加うるの決意」があると公表した。また、「日本国の侵略を制止し且之を罰する為」に、戦争を続行する旨をあきらかにした。そして同声明は、日清戦争（一八九四〜五年）以来、日本が近隣諸国から獲得してきた領土——台湾、朝鮮、南洋群島、満洲を含む——のすべてを剝奪し、当該国に返還する方針であるとした。とくに、「朝鮮の人民の奴隷状態に留意し軈《やが》て朝鮮を自由且独立のものたらしむるの決意を有す」とのことだった（カイロ宣言はオンライン資料を利用）。

カイロ宣言が発せられる前にモスクワでは、ソヴィエト連邦（以下「ソ連」）を含めた四カ国共同声明が発せられた。この声明は、無条件降伏を枢軸国側が受けいれるまで四大同盟国は継戦する、という趣旨であった（Moscow Declaration はオンライン資料を利用）。

窮地に陥った枢軸国

その後も、アメリカ主導の連合軍による反攻が、南太平洋と中部太平洋でつづけられた。

一九四四年七月に米軍は、戦前から日本の支配下にあった南洋群島のマリアナ諸島を獲得した。

そして、ここを新たな軍事拠点として、「B－29」――長距離飛行の可能な新世代の大型戦略爆撃機――を集結・出撃させた。翌年一九四五年の三月には、小笠原諸島の硫黄島が、一カ月以上の激戦ののち陥落した。同島の軍用飛行場は以後、B－29の緊急着陸地と護衛戦闘機の基地という役割を果たした。同年三月から米軍は、日本本土の諸都市に対して、B－29を使った低空焼夷弾爆撃を遂行した。東京大空襲（三月一〇日）では、一夜にして一〇万人の死者をだしたと推測され、一〇〇万人ものひとびとが住処をうしなった。

こうした戦局と並行して、一九四五年三月末から四月初めには、九州上陸の準備段階として米軍が沖縄戦を開始した。二カ月以上におよぶ激戦では、双方に多大な死傷者が続出した。多くの一般市民も戦闘に巻き込まれた。また、学徒兵や看護婦として戦線に動員されたり、軍当局から圧力を受け集団自決に追いこまれたり、あるいは日本人軍人に殺された者も少なくない。

日本軍首脳はこの頃、連合軍による本土上陸が差し迫っていると判断し、九州をはじめとする日本各地の要域に、残存する陸海空兵力を集結させた。そして、最後の本土決戦「決号作戦」に備えた。ただし、中国大陸には大規模な陸軍部隊を据えおき、日中戦争を続行させた。長年充実させてきた対ソ兵備も、なるべく維持した。というのは、ソ連は一九四五年四月五日に、日ソ中立条約の破棄を通告しており、「熟柿の機」をとらえてソ連が満洲に侵攻するのは時間の問題、と軍首脳は判断していたからである。こうして、満洲国境地域および満洲各地に配備された関東軍の運命も、危うい状態となっていた（日ソ中立条約は、一九四一年四月一三日に締結されていた）。

他方、一九四〇年九月に日独伊三国同盟を締結して以来、日本政府はドイツを軍事同盟国として頼みにしていた。しかし、当のドイツは、日本が期待していたイギリス本土に対する軍事侵攻を早々にあきらめていた。また、ヨーロッパ各地での戦線や占領地を維持しつつ、一九四一年六月から新たにソ連侵攻を開始していた。やがて、すさまじい工業力と軍事力に支えられたソ連軍の抗戦を受け、ドイツは侵攻から防衛戦へと戦略変更を余儀なくされた。

東部戦線のドイツ軍は、一九四二年初頭にモスクワから撃退され、一九四三年二月二日には第六軍（フリードリヒ・パウルス陸軍元帥指揮下）は、スターリングラードにてソ連軍に降伏した。同年半ばに挽回を企図して、ドイツ軍はクルスクにて反攻したが、それも失敗におわった。そして一九四四年になると、長期にわたったレニングラード包囲戦をソ連軍は打破し、ドイツの東部戦線をさらに後退させた。一九四五年春には、ソ連軍はついにベルリンへ突入した。

敗戦が色濃くなった状況下のドイツ国民は、かつてアドルフ・ヒトラーの約束した「一千年のライヒ」は、いまやその死滅が避けられない、と自覚せざるを得なかった。首都ベルリンが戦場と化したのは、同年四月から五月初めにかけてである。ドイツは五月七日に連合軍に降伏し、ヒトラーはその前に自殺した。

英米軍は、北アフリカとヨーロッパ南部での反攻を経て、一九四四年六月にノルマンディー上陸作戦を開始していた。ベルリンへは遅れて到着し、当地でソ連軍に合流した。同年五月にドイツ敗戦を確保すると、英米軍はその全軍事力を対日戦へ注ぐ準備を始めた。

こうしてドイツは敗戦に至り、大日本帝国も、各地で壊滅的状況に追い込まれていった。このような戦局下、連合国代表者は対ドイツ戦後政策を協議するため、ドイツの都市ポツダムで会議を開催した。このとき、アメリカ・イギリス・中国の三カ国は、一九四五年七月二六日付けで日本に対して共同声明を発した。いわゆるポツダム宣言である（ポツダム宣言はオンライン資料を利用）。

ポツダム宣言をめぐる攻防と日本の無条件降伏

同宣言によると、連合国は、「協議の上日本国に対し〔、〕今次の戦争を終結するの機会を与うることに意見一致」し、同時に「日本国に対し最後的打撃を加うるの態勢」も整えているという（前掲）。そして、次のような警告を発した。

> 現在日本国に対し集結しつつある力は〔、〕抵抗するナチスに対し適用せられたる場合に於て全ドイツ国人民の土地、産業及生活様式を必然的に荒廃に帰せしめたる力に比し測り知れざる程更に強大なるものなり〔。〕吾等の決意に支持せらるる吾等の軍事力の最高度の使用は〔、〕日本国軍隊の不可避且完全なる壊滅を意味すべく〔、〕又同様必然的に日本国本土の完全なる破壊を意味すべし〔。〕（前掲、傍点は加筆）

三カ国は、「日本帝国を滅亡の淵に陥れたる我儘なる軍国主義的助言者に依り日本国が引続き統御せらるべきか〔、〕又は理性の経路を日本国が履むべきか」を決する時期が到来したとして、即時降伏を勧告した。また、「吾等は遅延を認むるを得ず」とも言明し、日本側が迅速に回答するよう要求した（前掲）。

つづけて同宣言は、日本国軍の武装解除、軍事産業の解体、カイロ宣言に基づく領土の剝奪など、連合国側の対日戦後政策の骨子を示した。それらは、戦勝国による敗戦国の隷属化を意図せず、そのかわりに、日本の完全非武装化と戦争責任者の一掃を目的としていた。

よって、一方では、「日本人を民族として奴隷化せんとし又は国民として滅亡せしめんとするの意図を有するものに非ざる」と記しながらも、他方では、軍国主義者の除去および「吾等の俘虜を虐待せる者を含む一切の戦争犯罪人に対しては厳重なる処罰」をとる、と明記した。同様にして、一方では、降伏後の日本は連合軍の軍政下に置かれるとしながらも、他方では、非軍事化の目的が達成され、「日本国国民の自由に表明せる意思に従い平和的傾向を有し且責任ある政府が樹立せらるるに於て」、連合軍は日本より撤収する、と記された。

同文書では最後に、「吾等は日本国政府が直に全日本国軍隊の無条件降伏を宣言」することを要求し、あらためて、「右以外の日本国の選択は迅速且完全なる壊滅あるのみとす」と警告をくりかえした（前掲）。

ところが日本政府は、右の宣言に対して正式回答を発しなかった。そのかわりに、同月二八日の記者会見で鈴木貫太郎総理大臣は、同宣言はカイロ宣言を言い直したにすぎず、検討する必要なしとの見解を示し、政府は同宣言を「黙殺」する立場をあきらかにした。その約二週間後、ポツダム宣言が警告した「日本国本土の完全なる破壊」を実現するがごとく、米軍は八月六日、マリアナ諸島ティニアンを発ったB－29「エノラ・ゲイ」により広島に原子爆弾を投下し、八月九日にはもう一機のB－29により長崎に原爆を放った。

さらに、これらふたつの事件にはさまれる形で八月八日、ソ連が日本に宣戦布告した。ソ連参戦は、一九四五年二月のヤルタ会議にて、英米ソ首脳が合意した事項に従っていた。それは、「ドイツ国が降伏し且ヨーロッパに於ける戦争が終結したる後二月又は三月を経て」、ソ連は連合軍側に立ち対日戦に参加する、であった。なお、英米に対する軍事協力の見返りとして、幕末から明治にかけて大日本帝国に組みこまれていた千島列島や南樺太を、ソ連が戦後に領有する旨が、三カ国の合意事項に含まれた（ヤルタ協定はオンライン資料を利用）。

宣戦布告後のソ連は、日本の実質的な植民地と化していた中国東北地方の満洲国（一九三二〜四五年）に、大軍で攻め入った。同時に、千島列島と南樺太に対しても軍事侵攻を始めて、北海道に接近した。満洲国では、多数の日本人植民者が逃げ場を失い、ソ連軍の兵士や中国の軍部隊に属する者、あるいは民間人により殺された。殺害を逃れても、本国送還が実現する前に餓死・傷病死した者も少なくない。満洲国の政府役人、官憲、関東軍将兵など残留者六〇万人近くは、やがてソ連軍に捕えられ、シベリア各地で強制労働に使役される運命となった。

一九四五年八月一〇日に至って日本政府は、ひとつの留保事項をのぞいてポツダム受諾の準備がある旨を、スイス公使を経て米国政府に伝えた。具体的には、「天皇の国家統治の大権を変更するの要求を包含し居らざることの了解の下に受諾す」、というものだった。いわば、一条件つきの降伏の意向であった（『資料日本占領1　天皇制』三七四頁）。

連合国側の返答は、四カ国――数日前に参戦したソ連を含む――を代表し、米国政府が八月一一日付けで伝達した。同返答は、天皇存続を留保事項とする日本の意向に対して、イエスともノーとも答えなかった。そのかわりに、「天皇及び日本政府の国家統治の権限は、降伏の時点から連合国最高司令官に従属するものとし、同最高司令官は、降伏条項実施のため適当と認める諸措置をとる」と伝え、解釈の余地を残した文言を採用しつつ、天皇存続に何らの確約もしなかった（前掲書、三七六頁、傍点は加筆）。

さらに同返答では、「日本国の最終的政治形態は、ポツダム宣言にもとづき、自由に表明される日本国国民の意思によって確定されるものとする」と記された（前掲書、三七七頁）。つまり、「日本国国民の自由に表明せる意思に従い平和的傾向を有し且責任ある政府が樹立」（ポツダム宣言第一二条）されることを反復したのである。よって、ここでも解釈の余地を残しつつ、天皇制の将来に何らの保証を与えなかった。

この四カ国返答を受けた日本政府・軍首脳は、国家の方針を即決できなかった。しかし、とうとう八月一四日に日本側の正式回答は、スイス公使を介して連合国側に伝えられた。そこには、「天皇陛下はポツダム宣言の条項を日本が受諾したことに関する詔書を布告した」と記された。この回答についてスイス公使は、「何らの留保もない」点を米国政府側に指摘した。そして、「わたしはこの回答を、日本が無条件降伏を完全に受け入れるものと判断します」と付記している（*The Department of State Bulletin*, vol. 13, nos. 314-40 (July – December 1945), p. 255）。

降伏文書の調印式は、二週間後の一九四五年九月二日に、東京湾に停泊したアメリカの戦艦ミズーリ号の甲板でとりおこなわれた。この式には、日本政府と大本営をそれぞれ代表して、重光《しげみつ》葵《まもる》と梅津《うめづ》美治《よしじ》郎《ろう》陸軍大将が参加した。連合国側は、米大統領ハリー・S・トルーマンにより連合国最高司令官に指名されたダグラス・マッカーサー元帥を筆頭に、連合国九カ国の代表者が参加し、降伏文書に副署する権限をもって参列した。そのほか、大勢の連合軍将兵が甲板上の至るところを埋めつくし、降伏文書調印式の歴史的証人となった。

ただひとり欠席が目立つのは、日本の国家元首たる裕仁天皇であったが、天皇の不参加は、連合国側の定めるところにより予期されていた。というのは、先の四カ国返答では、天皇が「日本国政府および日本帝国大本営に対し〔、〕ポツダム宣言の諸条項実施のため必要な降伏条項に署名する権限を与え」、と規定し、天皇自らの署名を義務づけなかったのである（『資料日本占領1 天皇制』三七六頁、傍点は加筆）。この規定が含まれた背景には、「ミカドを使えば遠く離れた地域にある人命を救える」という英国政府の進言があり、戦争から平和への迅速な移行を達成するため天皇を利用しようという、連合国側の思惑が反映されていた（*Foreign Relations of the United States*, 1945, vol. VI, pp. 628-9. *Foreign Relations of the United States* は以後 ***FRUS*** と略称）。

なお、日本のポツダム宣言受諾前後にオーストラリア政府は、連合国が裕仁天皇を裁判にかける権限を保持するよう、英国政府に対して確約を求めていた。この事実は、英豪間で交わされた一連の文書から知られる。

具体的には、豪州政府は英国政府に一九四五年八月一二日付けで、ポツダム宣言と四カ国返答の解釈を問うている。その照会には、「日本国政府に対するメッセージとポツダム宣言の文言から、戦争犯罪に関する天皇の責任と裁判は、降伏後に連合国当局によって決定される事項でありつづけると、わたしたちは理解します。これを緊急事項として確認してくだされればありがたいです」と記された（*Documents on Australian Foreign Policy, 1937-1949*, Vol. VIII, 1945, p. 330）。一九四五年八月一七日付けの英国側の返答は、次のような内容だった。

> 該当する諸宣言そのものは、裕仁天皇に与えられる処置の問題に予断はなく、それは、連合国によって考慮されていく事柄です。しかし、かれを戦争犯罪人として起訴するのは重大な政治的誤りであろうとわたしたちは考えます。わたしたちは、日本人をコントロールする道具として皇位を利用し、人的その他の資源のコミットメントを制限することを望んでおり、わたしたちの見解では現職者を起訴することは、もっとも不得策となりましょう。（Ibid., p. 350, 傍点は加筆）

連合国による戦犯裁判政策でも、天皇を利用しつづける方針が維持されたが、その問題は次節でたどる。

2　極東における戦犯裁判の構想

アメリカ主導による戦犯裁判プログラム

前節で素描したとおり、連合軍による対日戦で、アメリカは指導的役割を果たした。これは、戦後の日本占領でも同様だった。ポツダム条項を遂行するための政策立案は、アメリカ主導で始まり、対日戦犯裁判に関する政策もそれに含まれた。

アメリカの首都ワシントンでは、国務・陸軍・海軍三省調整委員会（State-War-Navy Coordinating Committee 以下「ＳＷＮＣＣ」）が、戦後処理問題に関するアメリカ政府の政策形成機関として機能した。

同委員会は、一九四五年一〇月二日に、対日戦犯プログラムに関する包括的な政策文書を承認した。政策文書には、「ＳＷＮＣＣ５７／３」と番号が振られ、「極東における戦争犯罪人の逮捕と処罰に関する合衆国の政策」の題がつけられた。この文書は、連合国がどの種の犯罪を裁判の対象にするかを明示した。また、戦争犯罪人の識別・捜査・逮捕・裁判について、連合国最高司令官とその他の連合国の軍司令官が、それぞれ負う任務や管轄のアウトラインも示した。さらに同文書の付属書では、主要な戦犯容疑者たる裕仁天皇にどのような処置がほどこされるべきか、という問題もとりあげている。ここで、要点をたどる。

まず同政策文書では、二層からなる戦犯裁判プログラムを構想した。一方では、連合国最高司令官の命令で国際軍事法廷を特設し、他方では、アジア太平洋の占領地、あるいは回復地に駐留する連合軍、もしくは日独との軍事同盟を絶った旧枢軸国イタリアの司令官が、それぞれの権限を行使して各国軍事法廷を特設する、との規定である。これは、一種の分担作業であった。ただし、連合国最高司令官の求める戦犯容疑者は、各国軍の軍事法廷の管轄外とする旨が示された。つまり、各国軍司令官の権限は、連合国最高司令官のそれと比べて限定された（*FRUS*, 1945, vol. VI, p. 931）。

裁判の対象となるべき犯罪事件の期間については、同文書では、「概して一九三一年九月一八日勃発の奉天事件以降あるいはその直前の時期からであるべき」と提起している。これは、太平洋戦争のみならず、満洲事変を含めた一五年にわたる日中間の戦争を包含した（Ibid., p. 933）。

さらに同文書では、逮捕と裁判の対象となる犯罪行為の類型として、次の三つを挙げた。

ここで使われる「戦争犯罪」という用語は以下を含む。

A　侵略戦争、もしくは国際条約、協定または誓約に違反した戦争の計画、準備、開始、または遂行、もしくは右諸行為のいずれかを達成するための共通の計画または共同謀議への参加。

B　戦争法規慣例の違反。そのような違反に含まれかつそれらに限定されない行為とは、殺人、占領地に属しまたは在住する一般市民を虐待または奴隷労働やそのほかの目的のため強制移送させること、捕虜や抑留民や海上そのほかの者の殺人や虐待、人質の不適切な処置、公共または私有財産の略奪、都市や町や村を不当に破壊または軍事上の必要性で正当化できない廃墟化。

C　戦前または戦時中に一般市民に対してなされた殺人、殲滅《せんめつ》、奴隷的虐使、追放、そのほかの非人道的行為、もしくは犯行地の国内法に違反したか否かを問わず、ここで定義されたいずれかの犯罪の遂行として、またはこれに関連してなされた政治的、人種的、または宗教上の理由に基づく迫害行為。（Ibid., p. 932）

これら三種の犯罪は、国際軍事裁判所憲章（一九四五年八月八日付「ロンドン協定」の付属書、以下「ニュルンベルク裁判所憲章」）で認められたもので、それぞれ、「平和に対する犯罪」、「戦争犯罪」、「人道に対する犯罪」と呼称されていた。アジア太平洋地域の政策形成者のあいだでは、これらの犯罪は、1A・1B・1C犯罪、あるいは単に、A級・B級・C級としても知られるようになった。その理由は、米政策文書にこれらの番号と字が振られていたからであった。

戦犯裁判を実施する手続きとしては、在ワシントンの米統合参謀本部から在東京の占領軍司令官マッカーサーに、指令の形で政策が伝えられなければならなかった。その指令は、「戦争犯罪容疑者の識別、逮捕及び裁判に関する統合参謀本部指令」と題して、三省調整委員会がSWNCC57／3と共に起草していた。この文書には、連合軍最高司令官の任務が主に三つ示された。

一つ目は、「第一段落の小段落BとCに定義された犯罪を実行した、との疑いがもたれる者全員を識別・捜査・逮捕・拘置するため、実行可能な措置すべてをとる」である。つまり、「戦争犯罪」と「人道に対する犯罪」の二種の犯罪の容疑者につき、裁判の準備を進めるということだった。二つ目は、「段落1Aのもと責任が問われると判断される者を逮捕・拘置する」こと、つまり、「平和に対する犯罪」の容疑者に対する裁判の準備である。三つ目は、「特別国際軍事の諸法廷」を設置することだった。ただし、「特別国際軍事法廷」のうち、「1A級犯罪」をとりあつかう法廷の設置については、連合軍最高司令官の権限に制約がつけられた。その種の法廷については、「統合参謀本部による更なる授権があるまで」待つことが義務づけられたのである（Ibid., p. 934）。

米国政府はその頃、ドイツ国家指導者に対して侵略戦争等に関する責任を問うため、ニュルンベルク市に国際軍事法廷を設置したばかりであった。そして、ニュルンベルク法廷を模範とする国際法廷を極東に新しく設置する案について、米国政府は連合国各国との外交交渉に当たっていた。連合国最高司令官の権限に制約をつけたのは、そうした状況を踏まえてのことだったと考えられる（戸谷『東京裁判』三四〜四〇頁参照）。

天皇に対する取り扱いと免責の是非

同指令は、連合国最高司令官の権限にもうひとつの制約を加えた。それは、裕仁天皇のとりあつかいに関するものである。当該部分には、「かれの処遇に関する特別な指令を受けるまでは、貴官は天皇を戦争犯罪人とみなした行動はとらない」と記された（*FRUS*, 1945, vol. VI, p. 936）。

この指令では、天皇のとりあつかいについて、何らの追加説明は含まれていない。しかし、一九四五年一一月二九日付けの一通達では、米国政府の方針について統合参謀本部は、連合国最高司令官に次のような説明を提供した。

> 貴官も承知のとおり、最終的に裕仁を戦争犯罪人として裁判に付すべきかどうかの問題は、米国にとって重大な関心事である。裕仁は、戦争犯罪人として逮捕・裁判・処罰を免れてはいないというのが米国政府の態度である。天皇抜きでも占領が満足すべき形で進行しうると思われる時点で、天皇裁判問題が提起されるものと考えてよかろう。また、もしそのような提案が目的にかなうとすれば、それは、わが連合国のなかの一国ないし二国以上から提起されるものと考えてよかろう。（『資料日本占領1　天皇制』四六〇頁、傍点は加筆）

つまり、米国政府は天皇免責を考えておらず、むしろ天皇の裁判如何がいずれ検討されると判断していた。そのため同通達では、将来的な天皇起訴・不起訴の決定は、「把握しうるすべての事実に照らして下すべき」とし、よって、遅滞なく天皇に対する証拠収集を始めるよう指示した（前掲）。

しかし、この通達を受けたマッカーサーは、天皇に対する証拠集めを勧めない旨を、しばらくのちに統合参謀本部へ伝えた。一九四六年一月二五日付けの返答によると、天皇の裁判は、「占領計画に大きな変更」を余儀なくさせるため賢明ではないという。なぜなら、天皇はいまだ日本統合の象徴と広くみなされ、天皇を裁判にかければ「日本国民の間に必ずや大騒乱を惹き起こし、その影響はどれほど過大視してもしすぎることはなかろう」というのである。マッカーサーがつづけて主張するところによると、日本国民は天皇を畏怖しつづけているのみならず、かれらは「正否のほどは別として、ポツダム協定は、彼を日本国天皇として擁護することを意図していたと信じている」とのことだった。そのような理解が流布している以上、日本国民は天皇の告発を「背信行為とみなすであろう」とまとめている（前掲書、四六三頁）。

しかし、右の返答を受けた統合参謀本部は、先の指令をとり下げなかった。このことから、少なくとも一九四六年初めの時点では、天皇訴追の余地を残した政策を米国政府が維持した、と理解されよう。

なお、裕仁天皇はその当時、みずからの戦争責任に関する弁明を口述していた。いわゆる「昭和天皇の独白録」である。その記録は、マッカーサーの部下による働きかけで作成されたもので、裕仁天皇が東京裁判に出廷を求められる可能性を踏まえて準備した、とみられる（寺崎『昭和天皇独白録』参照）。

一九四五年末から米国政府は、英・仏・ソと極東国際法廷について交渉を重ね、やがて基本政策について合意に至った。東京に国際法廷が設置される旨は、一九四六年一月一九日に連合国最高司令官により布告された。極東国際軍事裁判所憲章（以下「東京裁判所憲章」と呼称）は、このときに公表された。

東京裁判所憲章は、ニュルンベルク裁判所憲章と「SWNCC57／3」に従い、三種の犯罪を裁判所の管轄とした。侵略戦争に関する責任追及が主眼である点も規定され、憲章の第五条の冒頭では、「本裁判所は、平和に対する罪を包含せる犯罪に付〔、〕個人として又は団体員として訴追せられたる極東戦争犯罪人を審理し処罰するの権限を有す」と記された。（『速記録』第一〇巻、八一五頁、傍点は加筆）。

東京法廷が設立されてから数カ月後の一九四六年四月三日、米首都ワシントンでは、極東委員会の会議が実施された。この会議では、米政策文書「SWNCC57／3」を採択することが検討された。極東委員会とは、アメリカを含めた連合国一一カ国で構成され、「日本が負う義務をもつ降伏条項にしたがった政策、原則、および基準を形成する」機関として、米国政府の主導で一九四五年末に設立されていた。（Blakeslee, *The Far Eastern Commission*, p. 17.）。

同会議では、裕仁天皇の処置について協議がなされており重要なので、ここではその議事録をたどる（Box 1/ Entry 1067/ RG 1067, National Archives and Records Administration, 以後NARAと略称。この議事録のコピーは、ハワイ大学War Crimes Documentation Initiaitveのオンライン展示“Justice in Asia and the Pacific, 1945-1952”に掲載）。

極東委員会の議事録によると、四月三日の会議中に裕仁天皇の責任問題について、ニュージーランド代表カール・ベレンセン卿から次のような発言があった。

> マッカーサー元帥に対して発せられた指令のなかに、さらなる指令があるまで天皇に対して

いかなる行動もとらないという指示があります。この文書〔SWNCC57／3〕によると、この会合に出席しているどの政府代表も、戦争犯罪人を訴追できることになっています。わたし自身は、天皇をもっとも悪質な戦争犯罪人だと考えており、かれに対して何らの心痛を抱いていないと理解していただきたい。しかし、さらなる指令があるまでは天皇に対していかなる行動もとらない、これが了解事項であるとわたしは理解したい。（前掲）

この発言に対して、米代表で極東委員会の議長をつとめたフランク・R・マックロイ少将が、回答している。議事録によると、「その点については何の変更もありません。かれには、ある包括的な指令が適用されていますす」との答えであった（前掲）。ここの「ある包括的な指令」とは、先に紹介した指令（「かれの処遇に関する特別な指令を受けるまでは、貴官は天皇を戦争犯罪人とみなした行動はとらない」を含む米統合参謀本部からの指令）と考えられるが、あきらかではない。

会議の参加者はつづけて、戦犯容疑者としての天皇に対する措置を議論した。しかし、議論はオフレコとされ、議事録にはその内容が一切とどめられていない。ただ結論として委員会は、「米国政府から最高司令官に発せられる指令は、直接の授権なしには、戦争犯罪人としての起訴から天皇を除外する、と表現されるとの理解を以って」、米政策文書を承認する、とのことだった。以後この政策文書は、「FEC007／3――極東における戦争犯罪人の逮捕、裁判および処罰に関する政策」と呼称された（*FRUS*, 1946, vol. VIII, p. 428）。

以上のような政策決定は、どう解釈されるべきだろうか。従来の研究では、極東委員会は「F

ＥＣ００７／３」を承認することにより、実質的に天皇免責の方針を採用した、とみなすのが主流である。しかし、極東委員会の議事録に照らしてみると、天皇裁判の可能性を、政策上は保持しようとする連合国の意図がうかがわれる。政策文書の文言そのものが、その思惑を反映しているのもみてとれよう。しかも、極東委員会メンバーには、終戦前後から一貫して天皇訴追を主張してきたオーストラリアが含まれていた（戸谷『東京裁判』七六〜八六頁参照）。南太平洋戦線にて日本軍部隊が遂行した残虐行為の記憶が新しい当時、豪州政府が天皇免責を連合国の政策として承認したとは考えにくい。

また、連合国最高司令官が先に公布した東京裁判所憲章には、国際犯罪を犯した者は何人たりとも刑事責任を免れない、という個人責任の大原則が明記されていた。当該条項（第六条）は、次のとおりである。

> 何時たるとを問わず被告人が保有せる公務上の地位、若は被告人が自己の政府又は上司の命令に従い行助《ママ》せる事実は、何れも夫れ自体右被告人をして其の起訴せられたる犯罪に対する責任を免れしむに足らざるものとす（『速記録』第一〇巻、八一五〜六頁）

右と同じ内容の個人責任の原則は、ニュルンベルク裁判所憲章（第七〜八条）にも記されていた。

このように、政治・法・軍事上のさまざまな問題が複雑に絡み合っている以上、極東委員会が天皇免責を正式に採択した確率は低い。むしろ、天皇訴追の可能性を将来に残した文言を採用することで合意に至った、とみるのが妥当ではないだろうか。

ちなみに、東京裁判が一九四八年一一月に終了して一年以上も経ったあと、裕仁天皇の裁判を求める旨を、ソ連政府が外交筋で各国政府に伝達するエピソードがあった。米国政府をはじめとする西側諸国は、ソ連から極東委員会に対して正式な提起があれば、それを審議しなければならないため、その場合どう対応するべきか、舞台裏で意見交換した（戸谷『東京裁判』八六〜九〇頁）。結局は、ソ連が天皇裁判案を極東委員会に持ちだすことがなかったため、その話は立ち消えになった。このエピソードは、天皇の裁判が一九五一年になっても極東委員会の方針上は可能であったことを、暗示している。

とはいえ裕仁天皇は、連合国の設置した法廷で裁かれることはなかった。また、証人として出廷すら求められなかった。天皇不在が東京裁判に残した諸問題については、本書であきらかにしていく。

3　東京裁判の概要

極東国際軍事法廷の成り立ち

極東国際軍事法廷は、東京の市ヶ谷台にあった旧陸軍士官学校内に設置された。戦時中、ここには陸軍省と参謀本部・大本営陸軍部が置かれていた。

東京裁判に参加した連合国は一一カ国で、アメリカ、イギリス、インド、オーストラリア、オランダ、カナダ、ソ連、中国、ニュージーランド、フランス、フィリピンから成った。参加国はそれぞれ、裁判官一名と検察官一名、およびかれらの仕事を支えるスタッフを提供した。

東京裁判の検察チームは、「国際検察局」を正式名称とした。国際検察局は、一九四五年一二月初めの結成当時、三九人のアメリカ人弁護士とスタッフから構成された。他一〇カ国からの代表者が合流するのは、一九四六年二月以降であった。オーストラリア、カナダ、イギリス、ニュージーランド代表は一九四六年二月下旬に来日し、中国、フランス、インド、オランダ、フィリピン、ソ連代表は同年三月から五月のあいだに到着した。開廷以後、検察局の最大人員数は約五〇〇名に至り、この数には二三二名の日本人スタッフが含まれた。弁護側の最大総数は四〇四名で、このなかには連合国国籍の者四六名（うち二五名がアメリカ人）が含まれた（『東京裁判と国際検察局』第五巻、三二二頁）。

国際検察局の首席検察官に任命されたジョセフ・B・キーナンは、かつて米国連邦政府司法省の刑事部局長および司法長官補佐をつとめた人物だった。しかし、ニュージーランド代表判事が評するところによると、「非常に無能な弁護士」とのことである（*Documents on New Zealand External Relations*, p. 1612.）。実際、検察局の実務よりも宣伝活動を好み東京不在も多く、飲酒癖もあったため、かれの部下や他の連合国代表検察官は、この事態を当初から懸念していた。

キーナン首席検事の能力については、被告側も若干の心配をしていたようである。たとえば、被告席から法廷の様子を見守った木戸幸一侯爵は、キーナンが「勉強不足でその反対尋問も多くは的が外れて」と、一九六四年に実施された面接聴取で語っている（木戸『木戸幸一日記　東京裁判期』四四七頁）。首席検察官の飲酒癖も察知したのであろう。重光葵の場合は、キーナンが木戸を反対尋問する様子について、「同じ質問を繰り返し酔後の人の様である」との感想をもらしている（重光『巣鴨日記』二八一頁）。

こうした事態から国際検察局を救ったのは、連合国各国を代表する検察官（正式な肩書は「参与検察官」）と、アメリカ人補佐官たちだった。かれらはキーナンが不在中、フランク・S・タヴェナー・ジュニア首席検察官代理を中心とし、一致協力して検察側の任務に当たった。

被告人の弁護団は、主に被告人個人の信頼する友人や家族、あるいは戦時中の同僚や部下から成り、必ずしも法の知識や刑事裁判の経験をもちあわせていなかった。そのような人物が法廷に臨むのは、被告人に不利となり得た。日本政府も、「この裁判所の手続きは日本における通常の民事や刑事手続きとあまりにちがうため、日本人の弁護団だけに弁護事項を任せるのはむずかしい」と懸念したため、アメリカ政府は数十名のアメリカ人弁護士を弁護団に加えた（Memorandum Re: Conference with Mr. Ohta, Liaison Officer, Japanese Government, Concerning Trial of War Criminals, February 15, 1946, M1668, roll 10, NARA）。

かれらの任務は当初、日本人弁護団に法廷技術の面で助力することに限られていたようである。しかし、結局は弁護側の反証段階を指導し、異議申し立てや、動議の提出、法廷での証人の尋問といった幅広い実務を果たした。日本人弁護団には法廷で反対尋問等に当たる者もあったが、ほとんどは裁判経験が乏しいため、補佐的な役割にとどまった。

弁護人と被告人の関わり

被告人は初めのうち、アメリカ人弁護人に対して慎重な態度だった。しかし、かれらの献身的な態度に接して、次第に信頼するようになったようである。

たとえば木戸は、「やって見ると米人弁護人は、商売意識からか或いは日本が好きだからかは知らないが、兎に角真に被告の味方となってよくやってくれた。おそらくこれは弁護という任務に対する強い職業意識からと思うが、そのため裁判も余程好転したと思っている。日本人弁護人だけだったら、あの様な莫大《ばくだい》な数の証拠を突き付けられたらどうしてよいか判らず、裁判もめちゃくちゃになったであろう」と回想している（木戸『木戸幸一日記　東京裁判期』四四七頁）。

星野直樹も、自分を弁護したG・C・ウィリアムズを高く評価した。ウィリアムズが帰米するときの礼状には、満洲国建設に関わった自分のケースが非常に複雑なもので、「君の立場の困難は言語に絶する」と述べたうえで、「かかる困難にも拘わらず、君はあらゆる精力を傾けて余の弁護の為に苦心し〔、〕遂に一昨日昨日の両日其の結果を蒐集《しゅうしゅう》総合して〔、〕法廷に於て余の為に見事なる証拠提出を行なった。……君の颯爽たる姿は我が眼底にやきつけられ、永く忘るることは出来ない」と称賛した（Letter from Hoshino Naoki to G. C. Williams, September 25, 1947, MSS 78-4, Box 1, Arthur J. Morris Law Library, University of Virginia）。

裁判に参加したそのほかの人々も、アメリカ人が弁護団に加えられたことをよしとした。ただし、かれらの挙動に無批判ではなかった。ニュージーランド代表判事の場合、法に関する補助を日本人被告人に提供することは「適切」とは評価しながらも、米弁護人は「発せられた言葉のほとんどすべてひとつひとつについて、もっとも価値のない技術上のたいていバカげた異議や抗議をたずさえて絶えず立ちあがり、まったく見苦しい流儀でふるまった」と不快感をあらわにしている（*Documents on New Zealand External Relations*, pp. 1612-3）。

ウェブ裁判長も、弁護側が裁判所の裁定にしばしば違反すると指摘し、「弁護側からのそういう戦術によって、進行を妨げられることになるならば、法廷は一体いつになったら判決に到達するかわからない」と批判した。そして、「もし法廷がおろかであれば、弁護側はそういうことを続けることによって、裁判所が最後の論告を与えることができないほど、その妨害を続けることができる」と懸念を示した（『速記録』第五巻、七二一頁）。とはいえ、動議や異議は検察側からも少なからずあり、審理の長期化は不可避であった。

一九四五年九月の降伏文書調印式につづく数カ月のあいだ、占領軍当局により一〇〇名ほどがA級戦犯容疑者に指名されていた(日本国籍でない者も含む)。かれらは、自宅監禁あるいは米軍管理下の「巣鴨プリズン」に拘置され、数名は東南アジア方面を管轄とする英軍当局が勾留していた。

国際検察局は捜査の結果、これらのうち「日本の侵略計画で不可欠な役割を果たした」者のうち、「代表的グループ」を構成する二八名を起訴することにした(Horwitz, "The Tokyo Trial," p. 496)。被告人に選ばれた者のほとんどは、国策決定にかかわる重職を戦時中に占めた。しかし、軍や政府機構のなかで比較的に下級の地位を占めた者もあった。被告グループのうち、大川周明は、政府や軍部に属さなかった唯一の人物だった。ただし、開廷後まもなく不審な挙動があり、精神鑑定を受けたのちに裁判に不適と判断されたため、審理から外された。そのほか二名の被告人は、開廷後に病死したため、かれらも被告グループから除外された。死去したのは、永野修身《ながのおさみ》海軍大将(軍令部総長、一九四一~四年)と松岡洋右《まつおかようすけ》(外務大臣、一九四〇~一年)である。よって、審理の対象となったのは合計二五名となった。

東京裁判の主な流れ

以下、東京裁判の主な流れをたどる(『速記録』第一〇巻、五八七~八頁と*Documents* pp. 73-6参照)。

一九四六年四月二九日、二八名の被告人に対する起訴状が裁判所に提出され、ウェブ裁判長は五月三日を罪状認否の日とした。しかし、起訴状を読みあげるのに二日かかったため、実際には六日に実施された。なおウェブ裁判長は、一九四三〜五年に豪州政府の依頼により、南太平洋地域で日本軍将兵が遂行した戦争犯罪を捜査したことがあった。それを理由に、弁護側はウェブの資格を争ったが、判事たち（ウェブを除く）は審議の結果、裁判所にはそれ自身の構成員を取り除く権限はないとの理由で、弁護側の異議を棄却した（『速記録』第一巻、七頁、戦時中ウェブが実施した戦争犯罪捜査についてはSissons, "Australian War Crimes Trials and Investigations" にくわしい）。

そのほか弁護側は、裁判所の管轄権を争うさまざまな動議を提出した。しかし、それらも一律棄却された。棄却理由については、東京裁判所は「将来に宣告致します」というにとどめた（『速記録』第一巻、二九頁）。理由をあきらかにしたのは、約二年半後の判決のなかであった（『速記録』第一〇巻、五九〇〜一頁）。

このあと被告人による罪状認否が実施され、ようやく極東における主要戦争犯罪人に対する国際軍事裁判、通称「東京裁判」がはじまった。以後につづく約二年のあいだ、土日と祝日を除く連日、午前九時半から午後四時まで（昼一時間は休憩）、審理がすすめられた。法廷が認めた祝日は、元旦、一月二日、七月四日（アメリカ独立記念日）、一一月一一日（欧米諸国の復員軍人の日）、そして一二月二五日（クリスマス）だった。

検察側の立証は一五の「段階」から成り、一九四六年六月三日から翌年一九四七年一月二四日まで実施された。焦点となったのは、日本の戦争計画・準備・開始・遂行あるいはこれらの行為を達成するための共同計画に参加、という「平和に対する犯罪」を立証することだった。しかし、戦時中の残虐行為に関する起訴事実についても立証がなされた。

検察側の立証がおわった直後、弁護側はすべての罪状を棄却するよう動議で求めた。その妥当性について、検察側と弁護側のあいだで五日間議論が交わされたが、東京裁判所は動議をすべて棄却した。

そして、三週間の休廷後の一九四七年二月二四日に、六つの「部」から成る弁護側の反証がはじまり、一九四八年一月一二日までつづいた。反証の流れは、検察側のそれに呼応した。しかし、最後の部分は例外である。そこでは、個人の部として被告人自身が証言したり、書証があらたに提出されたりした。ただし、被告人のうち九名は証言を辞退した。旧軍人五名（土肥《どい》原賢二《はらけんじ》、畑俊六、木村兵太郎、佐藤賢了、梅津美治郎）と、文官四名（星野直樹、平沼騏一郎、広田弘毅、重光葵）である。

弁護側からの反証が終わった日から同年二月一〇日までは、検察側からの反駁、弁護側からの答弁がつづいた。そして、双方による証拠の要約を含む最終弁論（英語では「サメーション」）がなされた。最終弁論とは、検察側と弁護側がそれぞれの主張を、裁判所のために重点的に再提示をする場である。ウェブ裁判長からは、「依拠したすべての証拠とかれらの裏づけとなる弁論」を提供するようにという指示が何度もあった（Memorandum from Webb to Cramer, January 8, 1948, Australian War Memorial, 3DRL 2481）。おそらくそのためであろう、双方の最終弁論にはかなり時間が費やされ、二月一一日から四月一六日まで二カ月以上かかった。そのあと休廷を告げ、判事らは判決を作成する本格的な作業に当たった。

東京法廷で受理された証拠は、かなりの量だった。東京裁判所がまとめるところによると、「総計して四三三六通の法廷証が証拠として受理され、四一九人の証人が法廷で証言し、七七九人の証人が供述書と宣誓口供書によって証言し、審理の（英文）記録は四八四一二頁に及んでいる」とのことである（『速記録』第一〇巻、五八八頁）。これらの膨大な裁判記録を審査し判決を完成させるために、判事らは半年の月日を要した。

ちなみにニュルンベルク裁判では、証人は九四名（うち六一名は弁護側証人）、質問書による供述は一四三通（すべて弁護側）、そして、およそ四〇〇〇通の書証が受理されたのみだった。つまり、規模からすると、東京裁判の方がニュルンベルクより大きかったとわかる（ニュルンベルク側のデータは **Jackson, *Report of Robert H. Jackson United States Representative to the International Conference on Military Trials*, pp. 432-3**参照）。

再び開廷したのは、一九四八年一一月に入ってからである。ウェブ裁判長は、同月四日から七日間かけて裁判所の判決を朗読した（一一月四、五、八〜一二日）。一二日にようやく全文を読みおわり、量刑を宣告した。そのときウェブは、裁判所の判決が多数意見、三つの個別反対意見、そして、二つの個別賛意意見――裁判長自身によるものを含む――に分かれたことを公表した。また、弁護側が前もって個別意見が朗読されるよう願い出ていたことに言及し、その要請がしりぞけられた旨も告知した。ただし、個別意見のすべては「最高司令官、弁護人、及びその他の関係者に配布される」と保証した（『速記録』第一〇巻、八〇六頁）。

判決では、被告人全員が訴因ひとつかそれ以上について、有罪判決を受けた。そのうち七名は絞首刑、二名が禁固刑（重光葵元外相は七年、東郷茂徳元外相は二〇年）、残りは終身刑だった。多数意見を支持したのは、マイロン・C・クレイマー（アメリカ）、デルフィン・ハラニーニャ（フィリピン）、梅汝璈《メイ・ルーアオ》（中国）、E・S・マクドーガル（カナダ）、E・H・ノースクロフト（ニュージーランド）、パトリック卿（イギリス）、ウィリアム・F・ウェブ卿（オーストラリア）、イヴァン・M・ザリヤーノフ（ソ連）の八名である。個別反対意見を著したのは、アンリ・ベルナール（フランス）、ラーダビノード・パル（インド）、そして、B・V・A・レーリンク（オランダ）の三名であった。個別賛意意見を著したのは、ウェブ裁判長とハラニーニャ判事である。先例のニュルンベルク裁判では、四カ国代表判事すべてが支持する統一判決を著した。ただしソ連代表判事は、ニュルンベルク判決を支持しつつ個別意見も提出していた。

量刑の宣告を終えて裁判が終了すると、裁判所の「確認官」たる連合国最高司令官は同年一一月二四日、判決の結果を承認する旨をごく短い文で発表した（*Documents*, p. 70）。

東京裁判は、ニュルンベルク裁判と同じで上訴審部がなく、一審で終了した。ただし裁判終了後、数名のアメリカ人弁護士が被告人のため、米最高裁判所に対して人身保護令状の発給を求める嘆願書提出の許可を申請した。こうした弁護側の動きは、一九四五～六年に米軍マニラ法廷で裁かれた山下奉文《やましたともゆき》大将と本間雅晴中将の先例にならっていた（戸谷『不確かな正義』二一五～九頁参照）。

米最高裁は、同年一二月中旬に三日かけて弁護人の主張を聴取した。最終的には、山下と本間の事例と似た結論に至った。要旨は、極東国際軍事裁判所は「合衆国の裁判所ではなく」、そのため米最高裁は「これらの請願者――そのすべては日本の住民であり日本市民である――に科された判決や処罰を審査、承認、破棄、あるいは無効にする力も権限も有しない」である。これらを理由に、訴願を棄却した（*Hirota v. MacArthur*, 338 US 197はオンラインで閲覧可）。

七名の絞首刑が実施されたのは、一九四八年一二月二三日早朝だった。残りのA級戦犯確定者は、公判中に勾留されていた巣鴨プリズンにそのまま留まり、うち五名はやがて病死した（平沼騏一郎、東郷茂徳、梅津美治郎、小磯国昭、白鳥敏夫）。他の受刑者については、日本政府による連合国への働きかけの結果、一九五五～六年に釈放された。例外的に、重光は早くも一九五〇年に釈放されて政界に復帰し、一九五四～六年には再び外務大臣に就任した。釈放された他の受刑者は、政界へ戻ったり、民間企業に新たな活路をみいだしたり、隠居生活へ入っていったりした（日暮『東京裁判』第七～八章参照）。

4　公判で適用された諸規則

被告人の権利に関する規定と言語の問題

東京裁判は、ニュルンベルク裁判をモデルとした。適用される法手続きでも同様で、被告人が公正な裁判を受けられるよう幅広い権利を保証した。要点をここでたどる。

被告人の権利に関する規定は、次の三つの文書に示された。

①東京裁判所憲章（一九四六年一月一九日公布、同年四月二六日改正）

②「極東国際軍事裁判所手続規則」（一九四六年四月二五日付、同年五月二〇日改正、同年八月一六日改正）

③「ＩＰＳ文書第〇〇〇六号——極東国際軍事裁判所による決定」

これら三文書のうち、「ＩＰＳ文書第〇〇〇六号」とは、東京裁判所が公判中に漸次決定した新たな諸規則を、国際検察局が資料として独自にまとめたものである。この規則集は合計二七四ページに及び、公平性を高めるため裁判所が採用した数々の措置を記録する重要な文書なので、本節でもとりあつかう（この文書の複写は *The Tokyo War Crimes Trial: The Comprehensive Index and Guide*, vol. 4に含まれる）。

まず東京裁判所憲章には、ニュルンベルク裁判所憲章を模範とした「第三章　被告人に対する公正なる審理」という章が含まれている。そこには、被告人が母国語で審理に臨む権利や、弁護人をして反対尋問できる権利をもつことなど、公正な裁判を保証するための基本原則が六つ列記された（『速記録』第一〇巻、八一六頁）。

さらに同憲章は、「迅速なる取調に厳格に限定すること」、という義務を裁判所に課した。そして、「不当に審理を遅延せしむるが如き行為を防止する為め厳重なる手段を執り、且つ其の如何なる種類たるとを問わず、起訴事実に関連なき争点及び陳述を排除すること」を求めた（前掲）。つまり、被告人に保証されるべき権利として裁判所憲章には、公正な裁判を受けることと、迅速な審理を受けることという、二つの基本原則が定められたとわかる。

　裁判所憲章が被告人に保証した各種の権利のうち、東京裁判所は、「被告人の国語を以て」裁判をするという事項をとくに重視したようである。しかし、通訳を伴う審理には延滞が避けられず、適切な対処を見定めるのに苦慮し、その様子がＩＰＳ文書第〇〇〇六号にうかがわれる（法廷通訳の問題は、武田『東京裁判における通訳』にくわしい）。ここで、ＩＰＳ文書に示された具体的な措置例をみてみよう。

　審理中に裁判所が適用した措置のひとつには、証人が英語を第一言語としない人物の場合は、尋問のかわりに宣誓口供書の提出を許可する、という決定が挙げられる。この措置によると、証人の証言は事前に聴取したうえで英訳される。そして、法廷では証人が証言台にあるあいだ、原文の和文と英訳文とが同時に読みあげられる。これは、一種の「同時通訳」で、時間が節約できるという利点があった。

　このような措置は、検察側の立証段階の早いうちから採用された。しかし、当初は懐疑的な見方がないわけではなかった。ウェブ裁判長自身、判事たちは「非常な譲歩」をしていると述べている。というのは、法廷で尋問されたならば許容されないような「誘導訊問《ママ》」によって、証人や供述者から証拠を聴取するのではないか、と危惧したからだ。それでも、法廷にて「非常な高度の反対訊問《ママ》」が実施されるとの理解で、これを認めた（IPS Document No. 0006, page I-2. 当該部分の和訳は『速記録』第一巻、一二〇頁)。

証拠の提出方法の効率化と諸問題

もうひとつ注目される措置は、戦争犯罪の立証段階にて、簡約化された証拠の提出方法を採用したことだ。提案は検察側から挙げられた。その要旨は二点であった。

第一に、検察側が証拠として提出する書証は、その一つ一つの文書の全文ではなく、法廷で利用する抜粋のみの和訳を義務づける、というものだった。この提案は、検察側が戦争犯罪に関する証拠を多く確保したものの、翻訳作業をこなすための十分な時間や人材を持っていなかった事情を反映した。オーストラリア代表検察官アラン・J・マンスフィールドが、法廷で説明するところによると、「若し可能でありましたならば、出来るだけ時間に間に合うように致しますが、一つの宣誓口供書は、少くとも四十頁に亙るものでありまして、之を日本語に訳すと云うことは、相当時間を要するのであります」とのことである(IPS Document No. 0006, page I-9. 当該部分の和訳は『速記録』第三巻、二八一頁)。

第二に、法廷で書証を提出する際に「概要」を利用する、というものだった。具体的には、審理中には主に概要を読みあげるにとどめ、受理された証拠に含まれる犯罪の記述は必ずしも朗読しない。このようにして、戦争犯罪の立証に費やす時間を切りつめる案だった。

これら二つの提案では、戦争犯罪に関する膨大な証拠を、検察側がそっくりそのまま書証として提出でき、しかも、法廷で朗読するのは主に「概要」であるため、大幅に時間の節約ができるメリットがあった。他方、検察側が和訳しなかった部分には、被告人に有利な内容が含まれる可能性を残すという問題があった。被告側からすれば、英語を母語とするアメリカ人弁護団がいるとはいえ、英語に堪能でない被告人や日本人弁護士に不利益が生じかねない。また、簡略された立証方法であるため、公開法廷にて犯罪事件の詳細を一般に知らしめるという、裁判の教育上の効果も損なう可能性もあった。

しかし、公正かつ迅速な審理をめざす裁判所は、これら二つの案を承認した。その結果、太平洋戦線関係の戦争犯罪立証には少なくとも一〇週間、「もし残虐行為の完全な歴史的記録を提出するならば、この段階はたぶん一二カ月」かかる、検察側は当初予想していたが、実際にかかった時間は六週間ほどで、時間節約のうえでは大きな効果がみられた（Memorandum from Justice Mansfield to Chief of Counsel, November 5, 1946, A1067/1, UN46/WC/15, National Archives of Australia, 以後NAAと略称）。

公正で迅速な審理を実現するための措置として、東京裁判所はもうひとつ注目される案を採用した。それは、法廷尋問に関するものだった。

東京裁判の被告人は、全部で二五名だったことは前述のとおりである。もし、各被告人の弁護人が、出廷した証人全員を尋問することになれば、審理が長期化するのは不可避だった。どうやら検察側と弁護側は、このような事態は避けるべきとの見解で一致していたようで、検察側の立証段階が終わる頃までにルールを作成し、共同案として裁判所に提示した。

新しい規則は、主尋問も反対尋問も、原則的には弁護側・検察側からそれぞれ一名のみとした。

そして、例外的に追加尋問を許容するが、その範囲を限定するというものだった（ルールの詳細は『速記録』第四巻、五七七頁）。検察側と弁護側からの案を受けた裁判所は、その採用に「ある程度の懸念はわれわれとして持っております」、と慎重な態度であった。しかし、「法廷といたしましてはこの規則が満足に成功裡に実行されるように、弁護側並びに検察側の協力を期待している次第であります」と述べ、とりあえず承認した（前掲書、六〇七頁）。

その後の公判記録を追ってみると、検察側・弁護側はともに、新規則に忠実な尋問や反対尋問を実践したことがうかがわれる。このエピソードから、弁護側による妨害や遅延戦略について、裁判所からしばしば批判の声があったものの、基本的には双方とも公正かつ迅速な審理を実現するために協力する準備があり、実際に協力した、と理解できる。

5　収集された証拠

日本当局による文書の大量焼却

従来の研究によると、敗戦直後の日本政府や軍当局および各地の軍部隊は、戦争犯罪の証拠となる文書等を破壊あるいは隠匿し、戦争犯罪容疑者のうちには逃亡を図った者もあったという。しかし、証拠の破壊や隠滅はどれほど徹底していたのだろうか。

この問いは、法廷証言に言及された特定の文書がなぜ提出できないのか、という問題との関わりで、東京裁判中でも話題となった。興味深い証言や文書証拠がいくつか確保されているため、代表例を本節でたどる。

裁判記録によると、連合軍の上陸作戦に備え、戦争末期に文書の大量焼却を実行した省庁のひとつに外務省があった。この問題について、元外務大臣官房文書課長（一九四五年六月〜一九四六年七月）の磯野勇三は、弁護側証人として出廷した。

かれの証言によると、一九四五年六月下旬に「局長、官房課長その他首脳部が協議いたしまして、敏速に処理しようということを、二回ほど会合いたしまして協議」した（『速記録』第五巻、四八〇頁）。その結果、「比較的最近の日付で当時我々が機密を要すると考えた文書を焼却する事に決定」し、「極秘、秘及び暗号に依った電報の原本の写及び草稿、書翰、通信其の他往復文書、会談録及び意見、手記」といったものを、証人自身の監督の下に焼いたという（前掲書、四七八頁）。

また、埼玉県に疎開させていた外務省関係の文書で、東京に戻ってきたものも同時期に焼却したようである。ただし磯野証人は、「非常に急いで大雑把に処分いたしましたために、焼いたつもりで残ったものもありますし、焼く必要のないものも焼いてしまったような、手違いも起っておりますし……従って焼こうと思ったものが、必ず全部焼けておらないこともありまするし、また今から考えてみれば、当時大急ぎで大した中味の吟味もいたしませんで焼いてしまったということは、何もかも焼いてしまったことは、非常に惜しいことであったと思っております」と述べた（前掲書、四八一頁、……は原文通り）。なお、一九四二年一月七日に外務省の建物は火災に遭い、一九四五年五月二三〜四日には連合軍による空襲があり、外務省はこれらの事件のときにも、多くの文書を喪失したということだ（前掲書、四七八〜九頁）。

終戦当時に参謀次長だった河辺虎四郎中将は、陸軍関係の弁護側証人として出廷した。同証人によると、参謀本部も、所持する文書を終戦時に大量に焼却したという。焼却文書の種類は、「作戦計画の書類」、「情報関係の書類、あるいは電報の原紙等」であった。軍の規定では、「暦日的に処理したる後通常焼くことにきめられております」と述べた（前掲書、三五五頁）。

検察側による反対尋問の際、「連合軍の手にはいったならば、害があるというような文書だけを、焼却せよという命令」であったことを知っていたか、と問われると、河辺証人は知らなかったと答えた。そして、「焼却の目的は、このいわゆる軍事上の書類を全部焼いたのでありまして、少くも国際裁判があるとかないとかいうことを中心観点に、区別して処理したのではありません」と述べた。他方、検察側から「もし今まで存在していたならば、日本に対しまたこれらの被告に対して、助けになるような内容のもの」が焼却された文書に含まれていたかと問われると、証人はそういうものがあったと認めた（前掲書、三五六頁）。

検察側の提出した証拠から、陸軍省も同じような措置を同時期的にとったことがうかがわれる。一例として、一九四五年八月一四日付けで、陸軍大臣の命令により高級副官から全陸軍部隊に対して、「各部隊の保有する機密書類は速かに焼却」するよう命令が発せられた（『速記録』第四巻、二四頁）。これは、敵軍による侵攻が差し迫ったときに取られるべき通例の措置だった、と考えられる。
しかし、検察側によるさらなる文書証拠から、戦争犯罪人を責任追及から守ることを目的とした命令も発せられたとわかる。具体的には、一九四五年八月二〇日付けの「軍事極秘」と記された電報で、次のような指示が出されていた。

俘虜及軍の抑留者を虐待し或は甚だしく俘虜より悪感情を懐かれある職員は〔、〕此の際速かに他に転属或は行方を一斉に晦《くらま》す如く処理するを可とす〔。〕又敵に任するを不利とする書類も秘密書類同様用済の後は必ず廃棄のこと。（前掲書、二八頁）

この電報は、東京俘虜収容所長から各地に伝達された。通電先には、「朝鮮軍、台湾軍、関東軍、北支方面軍、香港、義岡、灘治」が含まれたほか、参考として「朝鮮、台湾、奉天、北支、香港、泰国、マライ、ボルネオ、ジャワ」所在の各俘虜収容所長も併記され、これらの収容所長も電報の受け手であったとみられる（前掲）。

国際検察局による証拠収集とその問題点

文書焼却等の問題については、実態解明のため国際検察局が独自に捜査をすすめ、捜査結果をまとめたレポートもある。それは、「特別報告書第一七号、焼却および破壊された日本の文書」（一九四七年七月二一日付）と題され、検察局内部の参考資料としてのあつかいだった（“Special

Studies #17, Burned and Destroyed Japanese Documents" M1668, roll 17, NARA)。

このレポートは、たしかに日本当局は広範囲にわたって文書破壊を実行したが、その処置には性急さや無計画さがあったと指摘する。端的な例としては、「一九四五年八月一四日か一五日に様々な省の大臣次官による協議が開催され、敵の手に落ちるべきではない文書全てを焼却する決定がなされた」が、数日内にそれと反対の命令――つまり文書を破壊しないという命令――が発せられ、関係各省で非常な混乱が生じたという。レポート作成者の見解では、敵軍の到着以前に文書を焼却することは、「通常の手続きと考えられ」、その意味では、日本当局の措置は、必ずしも連合軍による戦争犯罪捜査を妨害するものではない、としている。しかし、戦争犯罪人を守ることを目的とした特定の文書焼却命令もあった、とも指摘した。

こうしたレポートや法廷で受理された証言や証書に照らすと、日本政府や軍関係者は確かに大量な文書を焼却したが、焼却内容にはばらつきがあったと察せられる。では、焼却を免れた文書を検察側はどこまで発掘し、利用できたのだろうか。

検察側の内部文書をみてみると、国際検察局による捜査自体にもムラがあり、日本政府や軍の文書を徹底的に捜査しなかった様子がうかがわれる(『東京裁判への道――国際検察局・政策決定関係文書』第一巻とM1668, roll 16, NARA参照)。検察側の証拠収集については、問題点が二つ指摘できる。

第一に、日本本土に進出した占領軍は、日本政府官庁や軍組織の文書を押収するといった措置をすぐにとらず、文書捜査が立ち遅れた。関係者の尋問や文書収集が本格的に始まったのは、アメリカ人検察チームが東京に到着した一九四五年一二月以後であった。第二に、アメリカ人検察チームは、その主たる任務を「A級」犯罪の訴追とみなし、「B級」と「C級」犯罪については、他の連合国代表検察官に任せる方針とした。その結果、戦争犯罪に関する証拠集めは先送りとなった。

当の連合国検察官は皆遅れて到着し、しかもほとんど手ぶらの来日だった。そして、代表参与検察官ロナルド・クィリアムが記すところによると、「今月二一日〔一九四六年四月二一日〕という遅い時期に、オランダ・フランス・中国代表検察官は、かれらの担当部分に関する証拠を手に入れる努力をするため、空輸でそれぞれバタヴィア、仏印、中国へ発ちました」という（*Documents on New Zealand External Relations*, p. 1562）。起訴状は当時すでに完成しており、一週間後には東京裁判所に提出された。とすると、蘭仏中代表検事の新たな証拠集めは、あくまでも補足的なものだったと考えられる。

このように国際検察局は、一方では、日本軍や政府側による終戦直後の妨害行為に苦慮し、他方では、検察側自体による当初の不手際に対処しなければならなかった。そうした事情に加え、終戦直後のアジア太平洋各地では、独立戦争や内部紛争が再燃していた。そうした軍事や政治状況下では、戦犯捜査は困難を極めたと考えられる。

文書証拠の主な種類

とはいえ、国際検察局は膨大な文書証拠や証人を確保した。それらを検察側がどう利用したかについては、次章からたどる。ここでは、文書証拠の主な種類を紹介する。
平和に対する犯罪の立証のために検察側が集めた文書は、次の七種に分けられる。

①日本の政府組織や機能等を規定する日本政府当局の公布した法文書
②内閣・枢密院・帝国議会など主要な政府機関の議事録等
③政府の諸官庁や、領事館・大使館など出先機関が作成し発した文書
④参謀本部や軍令部を中心とした軍首脳機関や戦地の軍司令部が作成した文書
⑤宮内省が作成した文書
⑥日本国内や外国の新聞報道
⑦政府高官による公式あるいは非公式の日誌類

これらの文書証拠には、『木戸幸一日記』と『西園寺公と政局』で今日知られる文書も含まれる。前者は、一九四〇～四五年に内大臣の地位を占めた木戸によるものだ。木戸は一九四五年末に、自身のみならず裕仁天皇を戦犯追及から守るすべとして、この日記をすすんで国際検察局に提出していた（粟屋『東京裁判への道』第四章参照）。後者は、原田熊雄男爵による。原田は、最後の元老西園寺公望の私設秘書だった人物である。東京裁判当時は、この文書は『西園寺・原田回顧録』と呼称されたので、本書でもそれにならう。これら二点の書証のうち後者については、弁護側がその証拠能力を争った。しかし、裁判所は弁護側の異議をしりぞけ、その理由を判決に

記している（『速記録』第一〇巻、五八九〜九〇頁）。

これら二点の文書は、軍首脳や政府高官の言動を幅広く記録するものであり、各被告人の起訴事実に関する責任を追及するうえで有益だった。しかし、これらは同時に天皇の責任にも触れる内容だった。そのため、極東委員会の採用した方針上、裕仁天皇を戦争犯罪人に指名できない検察側にとっては、諸刃の剣であった。これらの文書が法廷でどう使われたかは、本書でたどる。

検察側が確保した戦争犯罪に関する証拠については、捕虜管理業務に関して陸軍省が作成した文書を若干含むものの、そのほとんどは、連合国戦争犯罪捜査官がアジア各地で手に入れた犯罪の記録だった。主な証拠は次のように分類できる。

①戦争犯罪の犠牲者・目撃者・加害者による証言を記録した宣誓口供書や陳述書
②当時実施されていた連合国各国による戦犯裁判の記録
③連合軍の諜報機関による報告書
④日本軍部隊から押収した各種軍事文書の英訳
⑤捕虜や抑留民の虐待等に関する連合国政府からの抗議文書と日本政府側の回答
⑥終戦直後に連合軍当局が被告人に対して実施した尋問の記録

これら各種の文書のうち初めの四種は、日本軍将兵が占領地で戦争犯罪を遂行した様子を知らせる内容で、いわゆる「犯罪の証拠」とみなされるものである。この種の証拠は、さまざまな犯罪事件が起こったことを記録できる点がメリットだが、特定の被告人を各犯罪事件と直接結びつけるには至らない。ただし法廷で検察側は、これらの証拠を多く利用して、「斯かる虐待が個々の日本軍指揮官及兵の独立の行為の結果ではなく〔、〕日本軍及日本政府の一般方針の結果であった」、と主張することはできた（『速記録』第三巻、五三一頁）。つまり、戦争犯罪の時空間的な広がりや反復ないし類似性を示し、国家政策として犯罪が行われたという推論を可能にする、という立証戦略である。

残る二種の証拠は、外交文書と戦後の尋問調書である。これらの文書には、被告人が犯罪の事実を知っていたか、あるいは知っているべきだった、もしくは犯罪の実行に直接関わったことを認めるものが含まれた。このような証拠は、「連鎖証拠」の価値を有し、犯罪事件と被告人とのつながりをあきらかにするうえで、重要な証拠となり得た。

では次章から、これらの証拠を国際検察局が実際どう利用して、責任の所在をあきらかにしていったかを探ってみよう。

第二章　平和に対する犯罪の争点

ニュルンベルク裁判と東京裁判では、主に「平和に対する犯罪」について、枢軸国の指導者が訴追された。それに対して弁護側は、両法廷にて事後法批判を展開し、侵略戦争の計画や遂行は国際犯罪を成さないと論じた。しかし、先立って結審したニュルンベルク裁判所は、この批判を却下した。その二年後に東京裁判所は、ニュルンベルク判決に従う意見を下した（本書の第五章参照）。さらにその二年後の一九五〇年には、この種の国際犯罪が「ニュルンベルク原則」のなかに確認された。現在では、ハーグ常設国際刑事裁判所のローマ規程に、「侵略犯罪」の名で鎮座している。ローマ規程は一九九八年に採択され、二〇〇二年に効力が発生した。二〇〇七年には日本も加入した。

こうして、平和に対する犯罪は紆余曲折を経つつ、国際犯罪のひとつとして認められたが、そもそもニュルンベルク判決は、事後法批判をどのように処理したのだろうか。また、ニュルンベルク裁判所の意見を知ったとき、東京法廷の国際検察局と被告人の弁護団はそれをどう受け止め、それぞれの立証と反証に生かしたのだろうか。

これら二つの問いに答えるのが、本章の目的である。しかし、その前にまず、平和に対する犯罪に関する起訴事実を確認する。

1　起訴状

共同謀議論が適用される訴因の構造

起訴状は、英語の原文ではタイプライターで行を詰めて書かれた文書で、全部で四六ページある。構成は、序文、五五件の訴因に分けて示された罪状、五通の付属書、という三部から成る（起訴状の和訳は『速記録』第一〇巻、八一七～三五頁）。

訴因は、平和に対する犯罪（第一類）、殺人（第二類）、通例の戦争犯罪と人道に対する犯罪（第三類）に大別された。本節では、第一類に含まれる訴因と、それらに関係する付属書四通を分析する。

東京裁判所憲章によると、平和に対する犯罪とは、「宣戦の布告せる又は布告せざる侵略戦争、若は国際法、条約、協定又は誓約に違反せる戦争の計画、準備、開始、又は遂行、若は右諸行為の何れかを達成する為めの共通の計画または共同謀議への参加」と定義された（前掲書、八一五頁）。これは、ニュルンベルク裁判所憲章に含まれる定義とほぼ同じだった。

東京裁判の国際検察局は、裁判所憲章に記された定義づけに照らして、平和に対する犯罪の訴因を次の四種に分けて作成した。

訴因第一～五　共同計画あるいは共同謀議への参加
訴因第六～一七　侵略戦争の計画と準備
訴因第一八～二六　侵略戦争の開始
訴因第二七～三六　侵略戦争の遂行

これらの訴因ひとつひとつには、罪の問われる被告人の名前、犯行の日時、犯罪の被害国、違反された国際条約など、起訴事実の要点を簡潔に記してある。このうち、法廷で検察側が重点的に立証に努めたのは、訴因第一～五（共同謀議への参加）であり、残りの訴因第六～三六（侵略戦争の計画、準備、開始、遂行）については、付随的なとりあつかいだった。そこで、本節でも訴因第一～五にクローズアップする。

訴因第一の冒頭は次の宣言ではじまる。

全被告は他の諸多の人々と共に〔、〕一九二八年《昭和三年》一月一日より一九四五年《昭和二十年》九月二日に至る迄の期間に於て〔、〕一個の共通の計画又は共同謀議の立案又は実行に指導者、教唆者又は共犯者として参画したるものにして〔、〕斯かる計画の実行に付き本人自身により為されたると他の何人により為されたるとを問わず〔、〕一切の行為に対

し責任を有す〔。〕（『速記録』第一〇巻、八一七頁、傍点は加筆）

ここの引用で傍点をふった部分は、東京裁判所憲章に示された責任論のひとつ「共同謀議論」を、ほぼ字句通りくりかえしている。裁判所憲章の当該条項には、次の記述がみられる。

第五条……

上記犯罪の何れかを犯さんとする共通の計画又は共同謀議の立案又は実行に参加せる指導者、組織者、教唆者及び共犯者は、斯かる計画の遂行上為されたる一切の行為に付、其の何人に依りて為されたるとを問わず、責任を有す。（前掲書、八一五頁、傍点は加筆）

これと同じ責任論は、先行するニュルンベルク裁判所憲章にも含まれ、ドイツ主要戦争犯罪人に対する起訴状でも適用された。

東京裁判での起訴状の訴因第一では、先に引用した宣言のすぐあとに新たな段落がつづき、「共通の計画又は共謀謀議」の内容が示されている。やや長くなるが、法廷で争点となる重要な部分なので、次に引用する。

斯かる計画又は共同謀議の目的は〔、〕日本が東アジア並に太平洋及びインド洋並に右地域内及び之に隣接せる凡ての国家及び島嶼に於ける軍事的、政治的及び経済的支配を獲得するに在り〔、〕而して其の目的の為め独力を以て、又は同様の目的を有する他の諸国と共同して、若くは右計画乃至共同謀議に誘致又は強制的に加入せしめ得る他の諸国と共同して、其の目的に反対する国又は国々に対し〔、〕宣戦を布告せる又は布告せる《ママ》〔布告せぬ〕侵略戦争並に国際法、条約、協定及び誓約に違反する戦争を行うに在り〔。〕（前掲書、八一七頁）

この段落では、訴因第一の立証要件が二点示されている。第一点目は、被告人らによる共謀謀議の目的が、アジア太平洋とインド洋を包含する広大な地域を「軍事的、政治的及び経済的支配を獲得する」ことである。第二点目は、「其の目的に反対する国又は国々」に対して、国際法や国際条約などに反する戦争、つまり侵略戦争を遂行することだった。

起訴状は、共同謀議論について解説は含まないが、裁判所憲章に照らしてみると、共同謀議には二つの意味が持たせられていることがわかる。一つは、共同計画に参加する者を犯罪事件と結びつけるための、責任の法理論としての「共同謀議」である。先にたどったとおり、主な参加形式は、「指導者、組織者、教唆者及び共犯者」だった。もう一つの意味は、侵略戦争の遂行を実現するための共同計画に参加するという、実体的な犯罪行為としての「共同謀議」であった。こうした二つの側面を持つ共同謀議論が、法廷でどう適用されたかについては、本章の後半および第五章で考察する。

訴因第一を訴因第二〜五と比べてみると、前者と後者に同じ文面がくりかえされていることがわかる。ただし訴因第二〜五では、軍事・政治・経済的支配の対象となる地域が異なる。訴因第二では、支配目的の地域が満洲とされ、訴因第三では中国全域にわたった。訴因第四では、支配目的の地域がアジア太平洋とインド洋とを包含し、訴因第五では、枢軸国と協力しつつ世界制覇が目された、との記述であった。これら四つの訴因は、訴因第一が立証されない場合に審査対象となるよう考案されていた。つまり、訴因第一と訴因第二〜五は、補完関係にあった。

日本の戦争目的をめぐる議論

以上が共同謀議論の適用される訴因の基本構造だが、国際検察局の内部文書をみてみると、訴因第一〜五の内容について検察官のあいだで異論があり、開廷前にひと騒動あったことがうかがわれる。そもそも裁判所憲章では、侵略戦争の計画・準備・開始・遂行の共同計画に参加することのみが犯罪と規定され、戦争目的が何たるかは立証要件とされていなかった。しかし、起訴状の訴因第一〜五には戦争の目的が示され、その部分の妥当性が検察局内で疑問視されたのだった。この問題は、首席検察官の特別補佐官ジョン・W・ブラブナー＝スミス中佐が、開廷前に指摘するところであった。

かれの覚書によると、裁判で検察側のなすべきことは、侵略戦争の計画・準備・開始・遂行、あるいはこれらの行為を達成するための共同謀議の立証だけである。それなのに、「証明する必要のない行為——つまり、東アジアや満洲などの支配を確保する計画——を主張すれば裁判の困難が増し」、法廷で「処罰されうる犯罪と関連性のない証拠——つまり目的が他国に対して経済上などの支配を確保することではなかったという証拠——を被告人がもちだす」可能性があるという。つづけて指摘するところによると、戦時中、「ひんぱんに多くの日本人は、日本の目的は極東の精神的覚醒をもたらすことだと主張し、あるいはその目的は、根本的に同じ特徴をもつひとびとの共和だという者」もあった。同じような主張を弁護側が展開するのは十分あり得る、とのことであった（『東京裁判への道――国際検察局・政策決定関係文書』第四巻、三四四〜六頁）。

　このような指摘は、適切だったと思われる。ところが、起訴状の作成を主導したイギリス代表検察官アーサー・コミンズ＝カーは、この批判を歓迎しなかった。結局は、訴因には何らの変更も加えられず、戦争目的を記載したままとなった（Memorandum from Frank S. Tavenner Jr., to Chief of Counsel, April 18, 1946, M1668, roll 9, NARA）。そのため、この問題が法廷で争点となるのは避けられなかった。

　法廷で弁護側はまさに、日本の戦争目的がいかなるものであったかを争った。その一例に、一九四七年二月二四日に始まった弁護側反証の冒頭陳述が挙げられる。

　清瀬一郎弁護人は、その陳述でアジアにおける日本の近現代史をたどり、「東亜には東亜固有の文化がありますから、これを保持し、醇化し東洋人全体の地位をいづれ《ママ》の点に於ても世界の他の人種、国民と平等な水準迄に向上確保して以て人類の進歩発展に貢献したいというのが日本人の念頭でありました」と述べた。そして、中国やアジア太平洋地域あるいは世界に対して軍事・政治・経済的な支配を確保しようとした、との罪状は誤っていると主張した（『速記録』第四巻、四一一頁）。

　さらに、「八紘一宇」、「大東亜共栄圏」、「皇道」といった、戦時下日本の対外政策に関するスローガンに触れ、これらは普遍的な同胞主義を謳うものと説明した。よりくわしくは、「皇道の本旨は仁愛、公正、及び道徳的勇気」であり、「故に軍国主義又は専制主義の正反対」であり、「人間の尊重ということについては、皇道とデモクラシーも、二つの思想との間に本質的な差異はありませぬ」ということだった（前掲書、四一三頁）。

この約一年後に最終弁論に臨んだ鵜沢聡明弁護人も、同様の弁護路線をとりつつ日本の戦争目的を論じた。鵜沢の場合、『日本書紀』や聖徳太子の『十七条憲法』にまで触れながら、八紘一宇や王道とは何かを説明した。その要旨は、日本は正義や責任や平和という理念を古くから重んじ、近現代に至ってもそれは同じというものであった。日本が領土獲得を図った、という罪状は否定し、そのような外交政策は、古来の政治倫理と矛盾するとの主張であった（『速記録』第九巻、三五三～四頁）。

とはいえ、抽象論に終始する弁護側の論を、判事たちが重視した可能性は低い。公判記録には、鵜沢が弁論を終えると、「それであなたのおっしゃることは全部終りましたか」とウェブ裁判長が素っ気なく問いかける様子がみられる。それに対して鵜沢は、「これでおしまいです」と回答している（前掲書、三五四頁）。

ただし、鵜沢の弁論に感銘を受けた判事が一名あったようである。ある逸話によると、その日インド代表パル判事は弁護団を訪れて、「よくいって下さった。私は弁護人諸氏が国際法の議論ばかりして、東洋の思想に触れるもののないのを見て淋しく思っていたが、今日は実に嬉しかった」と述べ、握手を交わしたと伝えられる（中里『パル判事』一一二頁、傍点は原文）。この逸話では、一裁判官が当事者の一方の行動に好意的な意見を示しており、事実とすれば司法倫理にもとる行為だった。

平和に対する犯罪に関する訴因は、これら五件の共同謀議の訴因を含め、全部で三六件あったのは前述のとおりである。これに対して、ニュルンベルク裁判の起訴状では、平和に対する犯罪と共同謀議の起訴事実は、それぞれ訴因一件のみにまとめられていた。これら二つの起訴形式のうち、どちらがよいとは一概にはいえない。ただ、東京裁判の起訴状のように複数の訴因の場合、各被告人に対する罪状を明確にできるものの、訴因の数が多くなると、立証・反証・判定の作業が複雑になるのが難点だった。

実際のところ多数派判事は、そうした煩雑な作業を好まなかったようである。その判決で判事らは、一方では、検察側の立証戦略に一応の理解を示したが、他方では、「起訴状には、全部で五十五の訴因があって、二十五人の被告を訴追している」と指摘し、「平和に対する罪だけについても、考慮すべき個々の起訴事実が七百五十六に上っている」と苦情を述べた（『速記録』第一〇巻、五九二頁）。そして、多数派判事が内容のうえで重複しているとみなした訴因や、裁判所の管轄外と判断される訴因については、すべて却下してしまった。

その結果、起訴状の第一類のうちで多数派判事が検討したのは、共同謀議の訴因第一と、侵略戦争の遂行に関する訴因七件のみとなった。七つの訴因とは、侵略戦争を遂行した相手が中国（訴因第二七）、アメリカ（訴因第二九）、イギリス連邦（訴因第三一）、オランダ（訴因第三二）、フランス（訴因第三三）、ソ連（訴因第三五）、モンゴル人民共和国とソ連（訴因第三六）、というものであった。

本書でも以後、訴因第一と侵略戦争遂行の訴因七件を重点的にとりあつかう。

2　起訴状付属書

起訴状付属書の構造

前節で紹介した訴因では、起訴事実の骨子は記すものの詳細が欠けていた。しかし、起訴状に付随する五通の付属書には、起訴内容の法的根拠や事実関係について、よりくわしい情報が提供してある。本節では、平和に対する犯罪に関わる付属書四通をとりあげる。

付属書Aは、平和に対する犯罪に関する主要な事件や出来事を一〇節に分けて記した。これらの項目から、法廷で検察側がどのような戦争史を再構築するつもりだったのかを知ることができる(『速記録』第一〇巻、八二二―六頁)。

付属書Bは、国際連盟規約を含む二三件の国際条約などに言及し、平和に対する犯罪に関連する条項を抜粋しリスト化した。そこには、法廷で解釈の一大争点となる「戦争放棄に関する条約」(一九二八年八月二七日にパリで署名、「パリ条約」、「パリ不戦条約」、「ケロッグ=ブリアン条約」の名称でも知られる)のほか、第一次世界大戦後に締結された「中国に関する九カ国条約」(一九二二年二月六日）が含まれた。九カ国条約とは、一九一一年の辛亥革命を経て建設された中華民国に政権統一の機会を与えることなどについて、多国間でかわされた誓約であった。アメリカやイギリスのほか、日本も締約国であった（前掲書、八二六－九頁）。

付属書Cは、日本政府が対外政策について、戦時中に発した一連の誓約を列記した。はじめの八件は、次に引用するとおり、中国に対して領土征服の政策をとらないという保証であった。

一、一九三一年《昭和六年》九月二十五日＝日本は満州《ママ》に何等領土的企図を有せずとの誓約

二、一九三一年《昭和六年》十一月二十五日＝日本軍の錦州進撃の報は事実無根なりとの誓約

三、一九三一年《昭和六年》十二月二十二日＝日本は中華民国の主権を承認し又門戸開放政策を維持すべしとの誓約

四、一九三三年《昭和八年》一月五日＝日本は中華民国長城以南に領土的野心を有せずとの誓約

五、一九三四年《昭和九年》四月二十五日＝日本は中華民国に於て特殊権益を求め、中華民国の領土的及び行政的保全を侵害し、又は中華民国と他国間の善意なる貿易に支障を来たすが如き意図は一切有せずとの誓約

六、一九三七年《昭和十二年》八月十五日＝日本は中華民国に対し領土的企図を懐かず〔、〕又中華民国に於ける外国の権益を保護するに努力を惜まざるべしとの誓約

七、一九三七年《昭和十二年》九月＝日本は北支に於て平和的意図を有し領土的企図を有せず

との誓約

八、一九三九年《昭和十四年》二月十七日＝日本は中華民国に於て領土的企図を有せず又占領は軍事的必要を超ゆることなかるべしとの誓約（前掲書、八二九頁）

付属書Cに含まれる残りの七件は、西洋諸国に対して日本政府が提供した誓約で、一九三九年から四一年のあいだに発せられたものだった（ここでは列記を省略）。のちに検察側は、これらの誓約を日本政府がことごとく破った事実を指摘し、日本政府が虚偽による外交で共同謀議の実現を図ったとの論を進めた。

付属書Dは、戦争犯罪に関係するため第三章であつかう。

ふたつの責任論

付属書Eに目を転じよう。

この付属書の中身は、三つに分けられる。はじめの部分では、戦時下に日本政府が開催した国策会議のリストが提供された。つづく部分では、検察側が適用する責任論が簡潔に記述されている。そして、最後の部分には、各被告人の略歴が付記された。

これら三つのうち、国策会議のリストは注目される。なぜなら、これは検察側が、被告人の戦争責任を解明する鍵は国策会議への参加にある、とみていたことを示すからだ。ただし付属書のリストでは、一九四一年に実施された国策会議だけがとりあげられ、ほかはすべて抜け落ちている。しかも、このリストは一九四一年内の国策会議を網羅せず、選択的に一四件のみを記した（『速記録』第一〇巻、八三二頁）。

なぜ国際検察局は、このような不完全なリストを作成したのだろうか。察するに、開廷前の国際検察局は、日本国内政治の事実関係を消化しきれず、とりあえず把握できたもののみを列記したのではないだろうか。

とはいえ後述するとおり、検察側は開廷後には、付属書Eに記さなかった国策会議についても証拠を提出した。そのなかには、一九三七年末から一九三八年初めにかけて、日中戦争との関係で開催された大本営政府連絡会議や御前会議の記録や、太平洋戦争末期に開催された最高戦争指導会議と御前会議の記録も含まれた。このことから、審理がすすむにつれて検察側では、事実関係について理解が深まった、と推測される。

次に、同付属書に示された責任論の記述をみてみる。ここでは、共同謀議論のほかに検察側が適用する責任論を示しており重要である。やや長いが引用する。

> 起訴状に記載せる犯罪に対する個人的責任に関する記述
>
> 以下に於て各被告の氏名の次に示されたる記述は〔、〕検察当局に於て他の事項と共に当該被告の個人的責任を確証するものとして依存する事項たり〔。〕
>
> 各被告に対してその占むる地位よりする権力、威信及び個人的勢力を利用し、本起訴状中当該被告の氏名を記載せる各訴因に掲げられたる犯罪行為を促進し且遂行する為めに用いた

ることを訴追するものとす〔。〕

各被告に対して以下に於てその氏名に対し掲げられたる期間中〔、〕彼が閣員たりし諸内閣及び彼が支配的地位を有せし一般官庁機関、陸軍機関又は海軍機関の凡ての行為又は懈怠《かいたい》行為に対する責任者の一人たりしことを訴追するものとす〔。〕（前掲書、八三一～二頁、傍点は加筆）

この引用には、ふたつの対照的な責任論が示されている。

ひとつは、被告人が政府で権威ある地位を占め、そのような地位から生じる「権力」や「威信」、あるいは「個人的勢力」を行使することにより犯罪を遂行し、そのことを根拠に個人責任が問われる、というものだ。もうひとつは、「連帯責任論」とみなされるものである。ここでの記述によると、各被告人は自分自身の行為だけでなく、それぞれの所属する政府あるいは軍部諸機関の「凡ての行為又は懈怠行為」に対しての責任者、と位置づけられた。

起訴状には、これらの責任論が各被告人にどう適用されるのか明示されていない。しかし、実際の検察側による立証努力をたどると、各被告人の地位や権限の行使が立証の重点となったことがわかる。そのことから、検察側は連帯責任論を必ずしも重視しなかったと察せられる。ただし、平和に対する犯罪の訴因に適用された共同謀議論については話が別であった。この責任論に拠った検察側の立証や裁判所の意見については、後述する。

3　ニュルンベルク判決の解釈

ニュルンベルク裁判所が先んじて判決を下し、そのなかで事後法批判を却下したことは冒頭で触れた。本節では、東京裁判の検察側と弁護側の両方が、ニュルンベルク判決を根拠に罪刑法定主義の問題を争ったことに着目し、それぞれの展開した論をたどってみる。

検察側の場合

検察側は最終弁論の際、ニュルンベルク判決から主要な意見をそっくりそのまま引用することにより、弁護側からの事後法批判をしりぞけ、自らの説明は若干付記するにとどめている。ここでは主に、検察側の引用した部分をたどる。

ニュルンベルク判決からの引用の冒頭は、「法律なくして犯罪なしと云う金言は、主権の制限にあらずして、先づ《ママ》裁判の根本原則なることを承知しなければならぬ」との言明からはじまる（『速記録』第八巻、六三四頁）。そして、引用文には次のような警句がつづく。

> 条約及び保障を無視し、何等の警告もなく隣国を攻撃せるものを処罰するを不当なりと主張するは、明らかに不誠実である。何故ならば〔、〕斯かる場合其の攻撃者は不正を働きつつ

あることを必ずや承知しているからに違いないからである。然れば之を罰するは不当どころか、其の不正を処罰せずして放置するが如きことあらば、それこそ不当と云うべきなのである。（前掲）

つまり、国際条約等に違反したと知りながら、他国に対して軍事行動を起こすことは明白な不当行為を成す。よって、そのような行為について、事後法を理由に処罰しないことこそ不当である、との論である。

つづけて引用部分が記すところによると、ドイツ人被告人の場合、そのうちの少なくとも何人かは、国際紛争の解決手段として戦争に訴えることが、国際条約により不法行為とみなされていたと知っていた。また、かれらが計画し実行した戦争が、国際法に違反していることを認識していた。とすると、「本件に対する此の見解よりのみするも、右の金言は目下の事実には適用されない」。つまり、ドイツ指導者自身の言動に照らし合わせても、事後法批判は成立しない、との見解である（前掲）。

引用部分は次に、一九二八年に締結されたパリ条約（戦争放棄に関する条約）の法的効力を論じた。パリ条約は、国際紛争の解決手段として戦争に訴えることを禁じていた。しかし、パリ条約の条文には、戦争を計画し遂行することが国際犯罪を構成する、という言明は含まれていなかった。当該条項は次のような内容である。

第一条　締約国は〔、〕国際紛争解決の為戦争に訴うることを非とし〔、〕且其の相互関係に於て国家の政策の手段としての戦争を放棄することを〔、〕其の各自の人民の名に於て厳粛に宣言す

第二条　締約国は〔、〕相互間に起ることあるべき一切の紛争又は紛議は〔、〕其の性質又は起因の如何を問わず〔、〕平和的手段に依るの外之が処理又は解決を求めざることを約す（パリ条約はオンライン資料を利用）

ニュルンベルクと東京両法廷では、この条約の法的効力をどう解釈するのかが争われていた。ニュルンベルク裁判所の回答は、「政策の手段としての戦争の厳粛なる放棄は、必然的に、斯かる戦争は国際法に於て不法なりとする命題、又避くべからざる然して恐ろしき結果を齎《もた》らす斯かる戦争を計画し又実行したる者は、斯くすることにより犯罪を犯しつつありとする命題を包含するもの」であった（『速記録』第八巻、六二五頁、傍点は加筆）。

つまり、第一に、パリ条約の締約国は、国際紛争解決の手段としての戦争をあきらかに放棄した。第二に、その結果、パリ条約に違反して実行される戦争は、国際法のもとで不法とみなされる。そして第三に、そのような戦争を計画したり実行したりする者は、国際法のもとで罪を犯しているとみなされる、との論である。このような三段論法により、パリ条約の法的効力を見定める、というのがニュルンベルク裁判所の意見だった。

また、ニュルンベルク判決からのさらなる引用によると、事後法批判が成立しない根拠がもう

ひとつあった。それは、そもそも国際法とは、長い年月を経て発展的に形成されるものであって、そうした国際法生成の特質が考慮に入れられなければならない、というものだ。当該部分は次のとおりである。

> 戦争法規は条約中のみならず、漸次一般的承認を得るに至れる各国の慣行中にも之を見得るものであり、且法律家の適用し又軍事法廷の実行せる裁判の一般原則よりも之を見出し得るものである。本法は静的のものに非ずして、不断の修正により変化しつつある世界の必要に応じ行うものである。事実多くの場合に於て、条約は、一層正確なる参考の為現行法の諸原則を表現、定義するに過ぎざるものである。（前掲、傍点は加筆）

つまり、侵略戦争の計画や実行が国際犯罪を成すという法原則は、「無」の状態から突如現れたのではない。むしろ「世界の必要に応じて」、条約等が修正される歴史の流れのなかで次第に実現した、とする見方である。そして、このような視点からも、「本裁判所が巴里《パリ》条約に加えた、侵略戦争に訴うるは単に不法なるのみならず犯罪なりとする解釈を裏書するものである」、とニュルンベルク判決は記した（前掲、傍点は加筆）。

引用部分をつづけてたどると、そこには、戦時中のドイツ政府が欧州戦争を自衛戦争だと主張していたことへの言及がある。ニュルンベルク裁判所は、そうした反論を次の理由から却下した。

更に、獨逸のみが、ブライアンド・ケロッグ条約締結の際調印国の多くが為した保留条件に従って、予防の行為が必要なりしや否やを決定し得、又其の決定を為すに当っては其の判定決定的なりと論じられたが、然し自衛の主張のもとに行われた行動が事実侵略的なりしや、或は防御的なりしやは、若し国際法が実施される暁には、結局調査を受け又判定を受けねばならないものである。(前掲書、六三七頁、傍点は加筆)

つまり、戦争の法的地位を決定づけるのは、その戦争を開始した当事国ではない。むしろ、国際法をつかさどる機関によって判断される、という見解だった。

ここで国際検察局は、ニュルンベルク判決からの引用を終えて、自らの言葉で補足説明している。そのひとつでは、国際法の権威ある書として知られたオッペンハイム著、ラウターパハト編*International law: A Treatise, Vol. 2: Disputes, War and Neutrality*, **6th Edition**(『国際法論 第二巻——紛争・戦争・中立』第六版、一九四四年)に言及している。この書には、戦争の法的地位を判断するのは戦争当事国ではない旨が論じられ、検察側はこの点を指摘した(『速記録』第八巻、六三七頁)。

さらに検察側は、自衛権の行使とは、「正当に予想された武力攻撃の場合にのみ適用され得るもの」と強調し、「此の字句の意義を拡大して之が軍事的「包囲」でも或は経済的「包囲」でも——仮令《たとい》此れが在るとしても——含むものはなし得ない」と述べた。(前掲)。この発言は、諸外国からの経済制裁等を自衛権発動の正当な理由と主張した弁護側に対する反論、と理解される。

弁護側の場合

東京法廷の弁護側は、ニュルンベルク法廷の弁護側と同じように、パリ条約の法的効力を認めず、事後法批判を展開していた。また、最終弁論の際には、ドイツと日本の事例を比べてみると、二カ国の降伏の法的性質がそもそも異なると主張した。そして、ドイツの国家指導者はともかく、日本の国家指導者を「平和に対する犯罪」で訴追するのは戦勝国の越権行為である、との論を進めた。弁護側はこのような論を、ニュルンベルク判決に言及しながら展開している。本節ではそれをたどる。

弁護人はまず、連合国がニュルンベルク裁判所憲章を制定したことについて、ニュルンベルク裁判所がそれを、無条件降伏をしたドイツに対する戦勝国の「至上立法権の行使に他ならない」と言明した点を指摘した。弁護側によると、これはつまり、ドイツは連合国によって征服され、「消滅するに至った」ことから生じた至上立法権であった。連合国は以後、ドイツに対して「その思うがままの統治を行いうる」のであり、具体的には、「裁判所を設けて、自己の好まざる人物をいわゆる事後の法律によって処罰することもできる」、あるいは、「さらにすすんで全然裁判を行わず行政処分によって、これらの人達を処理することもできる」とのことだ（『速記録』第九巻、三五六頁）。

要するに、連合国はドイツを完全に打ち負かして、絶対的な支配権を獲得した。そのため、あたかも独裁主義者のように、敗戦国ドイツに対して好き勝手な行動をとる権限を持った、というのである。

この論は、一見すると説得力がある。しかし、実はニュルンベルク判決では、裁判所憲章の制定を戦勝国による「至上立法権の行使」と言明したそのすぐあとに、その行為は、「戦勝国による専断的な権力行使ではなく……それが作成されたときに存在した国際法を表現したもの」と断じていた（*Trial of the Major War Criminals before the International Military Tribunal*, vol. 1, p. 218. 同書は以下 **Nuremberg Judgment** と略称、傍点は加筆）。そのような論は、東京裁判の弁護側にとっては不都合だった。そのためであろう、弁護側は、ニュルンベルク裁判所の記した「それが作成された時に存在した国際法を表現したもの」の一節には、まったく沈黙している。

つづけて弁護側が主張するところによると、「連合国の各政府と日本政府との法的関係は、連合国と独逸との間のそれとはまったく異る基礎の上に立つという明白な事実」があるという（『速記録』第九巻、三五六頁）。というのは、ドイツは連合国に武力で完全に打ち負かされたが、日本の場合はそれが当たらないとのことだ。むしろ、日本は連合国と対等の立場で和平交渉し、双務契約的に戦争を終えたというのである。その結果、連合国が日本に対して有する権限には、敗戦国ドイツに対するものと違い、制約があったと論じた。

弁護側の理解する終戦当時の事実関係は、最終弁論で次のようにまとめられている。

> 日本は独逸と異り、降服《ママ》当時未だ連合軍のじゅうりんするところになってはいなかった。日本本土はまだ占領されてはいなかった。なおしばらくはつよい武力抵抗を行って連合軍に若

干の損害を与えうる立場にあった。かかる状況の下において、日本政府は連合国の和平申入れを受諾することとなったのである。そして受諾の条件はポツダム宣言の条項に示されている。降服《ママ》文書自体も正式に明文を以てポツダム宣言の条項を援用している。（前掲）

つまり、日本は一九四五年八月の時点でまだ継戦の余裕を持ち、そのような状況下に連合国からの和平の「申入れ」を受け入れる道を選んだ、という見方だ。そして、その和平に関する双務的「条件」はポツダム宣言に示され、降伏文書でもくりかえされたという。

つづく弁護側の主張によると、ミズーリ号甲板で一九四五年九月二日に調印された降伏文書も、「この文書は「降服《ママ》文書」という形式をとってはいるが、日本軍隊の無条件降服《ママ》のみならず、その他契約当事国を拘束する若干の条項を定めた一つの国際協定の性質をもつもの」という。よって、「連合国各政府が日本にたいしてなしうる要求には一定の限度がある」、また、日本は「制限の遵守を要求する権利を有する」とのことだった（前掲、傍点は加筆）。

本書の第一章では、戦争末期の状況とポツダム宣言を概観した。この宣言は、ドイツを屈服させた連合国が、その軍事力すべてを極東地域に結集させていると警告し、日本政府に対して遅滞ない無条件降伏を要求したものであった。そして、即刻従わなければ日本本土を壊滅に至らしめるとも警告していた。同書に示された戦後日本処理に関する条項も、連合国の政策を一方的に提示しており、終戦交渉のたたき台として列記したものではなかった。

参考までに、戦争末期に米大統領に就任したハリー・トルーマンは、自らが連合国最高司令官に任命したマッカーサーに対して、連合国と日本政府とのあいだには何ら契約関係がない旨を伝えていた。トルーマンによる指示の全文は、一九四五年九月二四日に、米大統領官邸ホワイト・ハウスから公表された。当該部分は次のとおりである。

1. 天皇および日本国政府の国家統治の権限は、連合国最高司令官としての貴官に従属する。貴官は、貴官の使命を遂行するため適当と認めるところにしたがって貴官の権限を行使されたい。われわれと日本との関係は契約的基礎の上に立つものではなく、無条件降伏を基礎とするものである。貴官の権限は最高であるがゆえに、貴官は、その範囲に関しては日本側からのいかなる異議をも受け容れないものとする。……

3. ポツダム宣言のなかに述べられている声明の意図は、完全に実行されるものとする。しかし、それは、同文書の結果としてわれわれが日本に対して契約的関係にあり、これに拘束されていると考えるからではない。それは、ポツダム宣言が、日本に関して、また極東における平和および安全に関して誠意をもって示されたわれわれの政策の一部をなすものであるゆえんに、尊重され、かつ実行されるのである。(『資料日本占領1 天皇制』五〇二頁、傍点は加筆)

連合国と日本が契約的関係にあったという論は、東京法廷においては、事後法批判の論理的基盤として弁護側には重要であった。しかし最終的には、東京裁判所がニュルンベルク判決の法見解を採用して事後法批判をしりぞけたため、この種の弁護路線は不毛に終わっている。

共同謀議論の妥当性についての議論

弁護側は最終弁論の際、ニュルンベルク判決に言及しつつ共同謀議論の妥当性も争った。その部分を追ってみよう。

起訴状にみられる共同謀議論には、実体的な犯罪行為としての共同謀議と、責任論としての共同謀議という二つの意味を持たせられたことは、前述のとおりである。弁護側は、このような法理論を適用することの問題点を二つ指摘した。

第一に、責任論としての共同謀議論とは、その法理論上の性質からして「人類の部族時代に行われた集合的責任主義に逆戻りするもの」と理解され、よって、個人責任を基調とする刑事裁判に導入されるべきではない、との主張であった（『速記録』第九巻、三五九頁、傍点は加筆）。

実際、ニュルンベルクと東京両裁判所憲章に照らすと、共同謀議論が、個人よりも集団に責任を帰する傾向があることがよみとれる。くりかえしの引用になるが、当該条文は次のとおりである。

共通の計画又は共同謀議の立案又は実行に参加せる指導者、組織者、教唆者及び共犯者は、斯かる計画の遂行上為されたる一切の行為に付、其の何人に依りて為されたるとを問わず、責任を有す〔。〕（『速記録』第一〇巻、八一七頁、傍点は加筆）

傍点部分によると、被告人は自分自身のみならず、その他の人物による行為に対しても責任が問われることになっている。このような責任論は、特定の被告人と特定の犯罪事件とのつながりが希薄でも有罪判決を可能とし、検察側にとっては便利な訴追道具であり、判事の審査作業も楽にするものだった。しかし、このような一種の連帯責任の論理によって、犯罪事件の責任を負わされかねないことは、被告人にとっては深刻な問題だった。

第二に、犯罪行為としての共同謀議については、ニュルンベルク判決は限定的な解釈を採用しており、弁護側はその点に判事たちの注意を喚起した。具体的に弁護側は、次の文言をニュルンベルク判決から引用した。

事実上検察側は、ナチス党若くはナチス政府の事柄に対する如何なる参加もせんのみにて犯罪が構成する共同謀議に参画したとの証拠であると称している。

共同謀議は憲章中に定義されていない。併し法廷の意見としては、共同謀議の犯罪的なる目的は明かに規定せられることを要する。又共同謀議は決定の時期及び決行の時期を甚しく距《へだた》るものであってはならない。更に計画が犯罪的になるが為には、一九二〇年に宣言されたナチ党の二十五項目に見るが如き政綱の宣言、或は後年マインカンプ（ヒトラー著『わが闘争』）中に表現せられたが如き政治的主張のみに依存してはならない。法廷としては戦争遂行の具体的計画が果して存在したか否かを検討し、而して同計画の参画者を決定するを要するのである。（『速記録』第九巻、四九六頁）

つまり、ニュルンベルク法廷では、一九二〇年代から一九四五年までドイツにひとつの支配的な共同謀議が存在した、と検察側が主張し、ナチ党の政綱やヒトラーの『わが闘争』などを、そのような壮大な共同謀議の根拠であると論じていた。しかし、ニュルンベルク裁判所はそうした主張をしりぞけた。そのかわりに、裁判所の理解する「共同謀議」とは、あくまで一九三九年に始まったポーランド侵攻など、具体的な戦争計画という意味のみとした。最終的にニュルンベルク裁判所は、すべてを包含する単一の共同謀議よりも、「多数の個別の計画の存在」を認め、各被告人の責任を見定める際には、具体的な個々の戦争計画の会議等へ参加したことを立証要件とした（**Nurenberg Judgment, p. 225**）。

東京法廷での弁護側は、ニュルンベルク判決から右の引用を読みあげたのち、判事らにひとつの問いかけをした。歴史的先例であるニュルンベルク裁判所が、共同謀議をこのように狭義に解釈したのならば、「この裁判（東京裁判）については、「戦争遂行の具体的計画」の範囲は何でありましょうか」との問いである（*Transcripts*, **p. 43014**, 和訳は『速記録』第九巻、四九六頁、ただし、訳しきれていないところは補足した）。

つまり弁護側は、東京裁判所もニュルンベルク裁判所にならい、共同謀議を「戦争の計画」といった、ごく限定的な意味で捉えるべきではないか、と判事らに問うたのである。

共同謀議論に関する以上のような弁護側の見解は妥当といえる。

しかし、東京裁判の多数派判事は、むしろ広義の共同謀議論を受け入れ、一九二八年前後から一九四五年までのあいだにひとつの支配的な共同謀議が存在した、と結論づけた。そして、その意味での共同謀議の実現のため、「軍部」、「軍部派」、あるいは「共同謀議者」が、次第に国家の支配権を掌握していった、という長々しい歴史語りを判決に著した。また、平和に対する犯罪に関する各被告人の判定でも、連帯責任論的な共同謀議論に依存した。多数意見の詳細は、本書の第五章で論じる。

なぜ多数派判事は、平和に対する犯罪の原則論ではニュルンベルク裁判所の意見に従ったものの、共同謀議論に関する部分では、その解釈にならわなかったのだろうか。答えは確定できないが、可能性はふたつある。

第一に、ニュルンベルク判決のように共同謀議論を狭義で解釈すると、各被告人に対する細かな証拠の審査が求められるのは必至であった。概して煩雑な作業を好まぬ多数派判事たちは、責任の法理論としての共同謀議論を歓迎した、と考えられる。つまり、証拠の審査を簡略化できるといった利便性を優先した、という可能性がある。

第二に、検察側による共同謀議を基調とした日本の戦争史は、多数派判事にとって説得力があった、と考えられる。しかし、検察側の立証には、じつは目立った問題点があった。それは、訴因第一が立証されたと主張はしたものの、その主張を支えるはずの証拠が矛盾する、というものだった。

多数意見については第五章でたどるとして、次節では、最終弁論で検察側が提供した訴因第一の要約に注目し、検察側の主張と証拠とのあいだにどう乖離が生じたのかをみてみる。

なお、ウェブ裁判長はその判決書草稿で、ニュルンベルク裁判所と同じように狭義の共同謀議論を採用し、ひとつの支配的な共同謀議の存在を主張する訴因第一を却下した。そして、残る平和に対する犯罪の訴因——共同謀議の訴因第二〜五と、侵略戦争の計画・準備・開始・遂行の訴因第六〜三六——については、そのひとつひとつを各被告人に対する証拠に照らして審査したうえで、有罪あるいは無罪の判定を下した。これは、ニュルンベルク裁判所による共同謀議論を採用して、証拠をきめ細やかに審査することが実際に可能だったことを示している。

4 検察側による訴因第一の事実関係

一九四六年秋にニュルンベルク裁判所が、その判決で共同謀議論を有名無実と化したが、それは東京裁判の参加者が同時期的に知るところであった。しかし国際検察局は、共同謀議論を見捨てなかった。その約一年半後に提供した最終弁論では、訴因第一に示された共同謀議が立証されたとあらためて主張し、平和に対する犯罪に関する事実関係をその主張に合う形で要約した。

だが、このような検察側の努力には無理があった。なぜなら、満洲事変前後から太平洋戦争末期に至るまで、日本国指導者のあいだでは意見の相違が多く、かれらが国策調整に苦慮した様子は、二年にわたる法廷での審理で浮き彫りになっていたからだ。つまり、訴因第一に示されるような共同謀議があったとは、説得力をもって立証できていなかったのである。本節では、訴因第一に関する検察側の最終弁論を追い、問題点をあきらかにする。検察側は、訴因第一に関する最終弁論を四つの段階に分けて提供していたので、ここでも四つの段階に分けて要旨を押さえる。

第一段階――「満洲の支配力獲得」

検察側の主張によると、訴因第一の意味での共同謀議は一九二八年頃にさかのぼり、戦争の発端となる事件は満洲事変であった（『速記録』第八巻、六四四～六七頁）。

満洲関係の要約では、検察側はまず国際連盟の「リットン報告書」（一九三二年九月付）をはじめ、多くの政府・外交文書や当時の閣僚の証言に言及した。そのなかには、若槻礼次郎男爵（元首相）や幣原喜重郎男爵（元外相）による証言も含まれた。検察側はこれらの証拠に基づいて、日本による満洲政策の歴史をおさえた。そのうえで、一九二八年の張作霖爆殺事件の後始末をめぐり、日本政府指導者のあいだで意見の相違や対立があったことを確認した。

検察側によると、張作霖爆殺事件は「本裁判に於て非常に重要なもの」であるという。なぜなら、この事件は「共同謀議の目的を実行せんとする共同謀議の最初の明白な行為」、つまり、訴因第一に示された共同謀議が実践された第一歩、とみなされるからである（前掲書、六四七頁）。そして、一九三一年九月に始まる満洲事変に「最初の共同謀議者」が現出され、満洲事変は「共同謀議のそのものの始めを構成する」段階である、と位置づけた（「最初の共同謀議者」という言葉は土肥原に対する最終弁論、「共同謀議のそのものの始めを構成する」という節は板垣被告人の最終弁論にみられる。『速記録』第九巻、九七頁、一六一頁）。

しかし、検察側の要約をくわしくみてみると、やや話が違ってくる。そこには、関東軍内の特定の人物やかれらに共感する者が、軍事力行使による満洲の占領を企図し実行した、という内容であった。それは、訴因第二には相当するものの、訴因第一に示されるような壮大な共同謀議の存在ではなかった。また、検察側の言及する証拠には、天皇をはじめ当時の中央政府指導者が満洲侵攻をよしとせず、しかし、軍部の強硬派を恐れて決然たる処置をとらない様子が記録されていた。日本政府が大幅な政策転換をするのは、同年末に若槻内閣が退陣してからで、翌一九三二年九月一五日には、満洲国と日本との間で「日本国満洲国間議定書」なるものを締結する措置にでたことも証拠に含まれる。

このように、満洲事変に関する検察側の要約では、訴因第一に示される共同謀議は主張されたものの、証拠がそれを支持しなかった。そのかわりに、中央政府のいうことを聞かない出先の軍部隊の統制に苦慮し、紆余曲折を経たのちに満洲政策の転換に踏み切ったという、訴因第一では説明できない流動的な日本の外交政策を記録した。

第二段階――「満洲より中国全地域へ支配統轄の拡大」

検察側の提供した要約の第二段階（『速記録』第八巻、六六七～九一頁）では、一九三三年から一九四五年までの日中関係があつかわれた。ここで検察側が達成しようとしたことは、主に二点である。

第一点目は、一九二八年頃に形成された共同謀議が、一九三六年八月七日に、広田弘毅首相

（被告人）を議長とする五相会議決定の「国策の基準」という形で、日本政府の正式な国策になった、と示すことである。第二点目は、満洲事変以前からの「共同謀議者」たちが、一九三〇年代後半に新たな共同謀議者たちと協力し、一九三八年一月には中国を軍事力でもって潰滅させるという国策決定に至った、その経緯をたどることであった。

検察側による実際の要約では、これら一連の事件が起こったことは確認できた。しかし、言及された証拠からは、政府や軍首脳間でかなりの意見の違いや対立があったこともわかり、ときには激論が交わされた事実があきらかにされていた。その結果、訴因第一に示されるような共同謀議があったという主張を、説得力を持って示すに至っていない。ここで、検察側の主張と問題点を、もう少し具体的にたどってみる。

広田が組閣を命じられたのは、一九三六年はじめに帝都東京を震撼させた二・二六事件が収束して、まもないときであった。そして、五相会議が「国策の基準」を採択したのは、同年八月七日だった。「国策の基準」は、数日後に閣議決定された。

検察側によると、この「国策の基準」とは、訴因第一に示される共同謀議が正式な国策となったことを示す証拠であった（前掲書、六七一〜二頁）。しかし、実際の文書内容は国防の提言であり、次に引用するとおり、戦争によって近隣諸国を支配しようという計画ではなかった。

帝国内外の情勢に鑑み当に帝国として確立すべき根本国策は〔、〕外交国防相俟て東亜大陸に於ける帝国の地歩を確保すると共に〔、〕南方海洋に進出発展するに在りて〔、〕其の基準

大綱は左記に拠る
（一）東亜に於ける列強の覇道政策を排除し〔、〕真個共存共栄主義により互に慶福を頒たんとするは〔、〕即ち皇道精神の具現にして〔、〕我対外発展政策上常に一貫せしむべき指導精神なり
（二）国家の安泰を期し其の発展を擁護し〔、〕以て名実共に東亜の安定勢力たるべき帝国の地位を確保するに要する国防軍備を充実す
（三）満洲国の健全なる発達及其の完成と日満国防の安固を期し〔、〕北方蘇国の脅威を除去すると共に英米に備え〔、〕日満支三国の緊密なる提携を具現して我が経済的発展を策するを以て大陸政策の基調とす〔。〕而して之が遂行に方りては列国との友好関係に留意す（『速記録』第一巻、四一七頁、ここの引用にはオンライン資料を利用、傍点は加筆）

傍点部分では、一方ではソ連の脅威、他方では英国と米国の脅威に対抗するため、日本が外交と軍事との分野において、東亜での優位性を確保していくことを目指す、との宣言がみられる。これは、陸海軍が競って主張してきた国防の提言を盛り込み、陸海軍首脳の協調を図ったと理解されるものの、訴因第一の共同謀議論とのつながりはあきらかではない。

一九三七年七月七日開始の日中戦争についても同様であった。検察側の要約には、訴因第一の共謀謀議が存在したとの主張はあるが、その根拠として検察側が言及する書証や証言が、そのよ

うな主張を支持しなかった。むしろ表面化したのは、一九三七年末の南京陥落前後から、日本政府・軍首脳が対中国政策について合意できず、とくに参謀本部と政府のあいだで激しい意見の対立があったとの内容であった。しかも主戦論者は、広田外相のような文官やそのほかの内閣構員であり、参謀本部側は中国との和平を熱心に勧めたことが記録された。

例として、「支那事変根本方針に関する件」（一九三八年一月一〇日付）と題された外務省の記録文書が挙げられる。これは検察側の提出した証拠で、一九三八年一月九〜一〇日に開催された大本営政府連絡会議とその舞台裏を記録するものである。それによると、参謀本部側は、日本政府の中国に対する和平の条件が「甚だしく侵略的」である点に懸念を示した。そして、「動《やや》もすれば侵略的に傾かんとする国内趨勢に対し〔、〕予め予防方策を講じ置く必要ありとの意向漸次強くなり」とのことだった（『速記録』第六巻、八二二〜三頁）。

このように和平を望む参謀本部に、当時の政府側はとまどったようである。関連する木戸の証言によると、その数週間前の「昭和十二年十二月十六日夜、首相秘書官の岸〔道三〕氏が紅葉館〔料亭〕に私を訪ね来り近衛首相の伝言を齎しました。其伝言によれば、近衛首相は陸軍の真意を捕捉する事が出来ないので〔、〕翌日の閣議の席上私から其点に就いて杉山陸相に質問して欲しいとの事でありました」ということだ。そこで、翌日の閣議で陸軍の見解を問うたところ、杉山陸相は中国に対して譲歩の要なしと断言したという。それを受けて、「斯かる次第で、私は陸軍が如何なる犠牲を払っても和平を実現せんとする固い決心をして居たとは全然思えませんでした」、と木戸は述べた（『速記録』第七巻、一三八〜九頁、傍点は加筆）。この証言から、参謀本部と政府のあいだのみならず、陸軍内部でも中国政策について足並みが揃っていなかったとわかる。

このような状況下の一九三八年一月一一日に、政府と大本営の主要構成員は裕仁天皇を伴う御前会議を開催し、「支那事変処理根本方針」を決定した。この会議について、検察側は、宮内省が残した同会議の記録を書証として提出していた。この文書には、「帝国は特に政戦両略の緊密なる運用に依り左記各項の適切なる実行を期す」と記して、会議の決定内容が五点列記されている。その初めの二点は、中国に対する継戦とその目的を、次のように明示した。

（一）支那現中央政府にして此際反省翻意し誠意を以て和を求むるに於ては〔、〕別紙（甲）日支講和交渉条件に準拠して交渉す……

（二）支那現中央政府が和を求め来らざる場合に於ては〔、〕帝国は爾後之を相手とする事変解決に期待を掛けず新興支那政権の成立を助長し〔、〕これと両国国交の調整を協定し更生新支那の建設に協力す。支那現中央政府に対しては〔、〕帝国は之が潰滅を図り又は新興中央政権の傘下に収容せらるる如く施策す（『速記録』第六巻、八二一頁、傍点は加筆）

この記録から、日本側はあくまで中国側に条件を受け入れるよう要求し、それに従わない中国政府は、軍事力行使により滅亡に至らしめるという方針を、御前会議が採択したとわかる。

さらに関連する木戸の証言によると、広田外相は数日後、内閣に対して「中国側には何等誠意の認むべきもの無し」という意見を付して、中国とのこれ以上の交渉は無益と勧告したという。

翌日の一月一四日、「蔣介石を相手にせずということが外務省の起草した原案に基いて閣議で決定」し、以後「その代りに新しい中国政権の成立を予期して新中国と協力して東洋の平和を確立」するよう努力すると決まったという（『速記録』第七巻、一三九頁）。

しかし、「蔣介石を相手にせず」との決定後も、当時の政府・軍首脳者は足並みが揃っていなかったことが、さらなる証拠からうかがい知れる。

その一例に、『西園寺・原田回顧録』からの抜粋が挙げられる。この文書によると、和平交渉条件に対する中国側からの最終的な回答は一月一五日まで待つ、との理解が当初あったが、内閣はそれ以前に蔣介石政府を相手にせずという方針を決定してしまった。そのため、一五日に大本営政府連絡会議が開催されると、「徹頭徹尾参謀本部は一時も速く支那との間の戦争を中止して、そうしてソビエットに対する用意をしたい、と云うのが非常な〔参謀本部側の〕希望と心配」である旨を強調し、御前会議の開催を再度望んだという。さらに多田駿参謀次長は、「御前会議と言っても、陛下は何にも仰らない。あれでは全《まる》で天皇機関説のようなもので、今度は御裁断を仰いで事を決めたい」と述べた。つまり、主体的な参加形式を裕仁天皇が採用し、日中和平への国策転換を図るよう、参謀次長が勧めた様子がうかがわれる（『速記録』第八巻、四一九頁）。

右の記述から、参謀本部は対ソ軍備拡充を最重要事項と考え、その観点から日中間の全面戦争はどうしても避けるべきというロジックが働いていたとわかる。とはいえ、『西園寺・原田回顧録』の記述によると、多田参謀次長が結局は、広田外相をはじめとする閣僚の圧力に屈服し、蔣介石政府を相手にせずという政府の方針を受け入れたとある（前掲書、四一九〜二〇頁）。

第三段階――「亜細亜並に太平洋に於ける侵略戦に対する内外の準備」

検察側による要約の第三段階（『速記録』第八巻、六九一～七二五頁）では、一九三六年の「国策の基準」に従った戦争の計画準備が実現された、という主張がなされた。実際、一九三六年から一九四〇年にかけての日本は、国内的には軍備拡張を、対外的には枢軸国との同盟の強化を進めた。こうした事実を証言や証拠で再確認することは、検察側にとって容易だった。

しかし、これらの出来事が訴因第一に示される共同謀議によったかどうかについては、ここでも説得力のある要約を提供できなかった。むしろ日本国家指導者が、外政や内政について対立と衝突をくりかえしたことを露呈する内容だった。

その端的な例として、その当時ヨーロッパに派遣されていた大島浩（ドイツ大使、一九三八～九年、一九四〇年に再任命）と白鳥敏夫（イタリア大使、一九三八～四〇年）の言動に関する証拠が挙げられる。検察側の要約によると、この二名（両方とも被告人）はそれぞれの駐在国の首脳に対日外交について助言するなど、日本の国益より他国のそれを促進するかのような行動が目立った。そのため、日本政府の外交政策に少なからず混乱ないし困難をもたらした。最終弁論に当たった検察側は、これらの事実を共同謀議という枠組みでどう説明するのか苦慮したようである。

しかし、訴因第一に主張した共同謀議の存在にこだわる検察側は、例えば大島の独断的行動については、「勿論共同謀議がなかったと云うことを立証するものではありません」と断言した。そして、中央政府と出先の大使との違いは、「謀議促進の為の或る特定行為の適当なる時を定めることに関して、各謀議者間に今一つの争いがある」にすぎないと述べた。つまり、意見の相違は、ドイツとの軍事同盟をいつ実現するべきかというタイミングの問題だけとの説明である。ただし検察側は、「謀議者の誰も独逸との軍事同盟に反対しなかったのですが、しかし、彼等は丁度あの時に於ては、該同盟の範囲に関し、意見を異にした」とも述べている（前掲書、七一六頁、傍点は加筆）。つまり、じつのところ意見の相違点はタイミングだけでなく、日独関係の実質にも及んだと認めた。

第四段階――「東亜の他地域及び西太平洋に侵略を拡張す」

訴因第一に関する要約の最終段階（『速記録』第八巻、七二五～九六頁）では、日本が太平洋全域で遂行した戦争が訴因第一に示される共同謀議によった、との主張がなされた。しかし、ここでも主張と証拠とがかみ合わなかった。むしろ証拠があきらかにするのは、この段階に至っても、日本国家の指導者たちが対外政策について対立をくりかえし、対米戦が差し迫った現実となっていくと、一種の戸惑いを示す様子であった。その顕著な例は、一九四一年の秋に開催された一連の国策会議に関する証拠にみられた。

日米交渉に進展がみられない一九四一年九月六日に、政府と軍首脳代表者は御前会議を開催し、対外問題を打開するための一大決定をした。この会議の記録は、検察側により法廷に提出されていた。その記録によると、主な決定事項は、日米交渉の継続を「十月上旬頃」までと期限を設けること、それでも危機を打開できない場合は「直ちに対米（英蘭）開戦を決意」することだった

（『速記録』第三巻、六四頁）。

やがて、日米交渉が改善しないまま「一〇月上旬」の期限が過ぎ、近衛首相は九月六日の決定を実行に移すことができず辞任した。その経緯について、近衛は「第三次内閣総辞職の顚末」というものを著しており、これも検察側の証拠として提出されていた。近衛文麿は敗戦後、連合軍より戦争犯罪人に指名され勾留される運びとなったが、一九四五年一二月に服毒自殺した。この文書は、近衛の残した手記である。

顚末書によると、日米交渉の期限が過ぎたので九月六日の決定どおりの行動をとるよう、東条英機陸相から近衛に圧力がかかった。他方、海軍側は消極的な態度で、「海軍自身に戦意が無いが、自分の口から、そうは言えぬ」という状況だった（前掲書、六九頁）。板挟みになった近衛は、木戸内大臣らと審議した結果、新内閣に国策の見直しの機会と決定を委ねるとの理解で辞職を選んだという。

さらに、書証として受理されていた「公爵近衛文麿より天皇陛下にたいする内閣総理大臣辞職願」（一九四一年一〇月一六日付）でも、近衛辞職の経緯が説明されている。この文書で近衛は、「支那事変の未だ解決せざる現在に於て〔、〕更に前途の透見すべからざる大戦争に突入するが如きは〔、〕支那事変勃発以来重大なる責任を痛感しつつある臣文麿の到底及び難き所なり」と記す（前掲書、七五頁）。つまり、第一、第二、第三次近衛内閣で拡大の一途を遂げた日中戦争に対する責任を、遅ればせながら認めている。そのうえで、対米戦争開始の責任まで一身に負う心の準備はないため、辞任を決意したということである。

近衛内閣退陣後の事情については、木戸日記からの抜粋（一九四一年一〇月一七日付）に記述がみられる。この文書には、裕仁天皇が東条陸相に組閣を命じたことのほか、九月六日の御前会議の決定の処置について、東条陸相と及川古志郎前海相に対して、木戸を通じて天皇から特別な指示が下されたことが記された。当該部分は次のとおりである。

> 控室に於て両相に対し命を奉じて左の通り伝達す
> 只今陛下より陸海軍協力云々の御言葉がありましたことと拝察致しますが、尚国策の大本を決定せられますに就ては〔、〕九月六日の御前会議の決定にとらわるる処なく内外の情勢を更に広く深く検討し慎重なる考究を加うることを要すとの思召であります、命に依り其旨申上置きます（前掲書、七六頁、傍点は加筆）

東条自身も、右の趣旨の指示を受けたことを法廷の証言で認めた。いわく、「之が後にいう白紙還元の御諚であります」（『速記録』第八巻、一九三頁）。

天皇がどのような意図から「白紙還元の御諚」を下したのかは、東京裁判で受理された証言や証拠からはあきらかではない。わかっているのは、結局は一九四一年一一月五日の御前会議では、「日米交渉決裂し戦争不可避と認められたる際（大体十一月二十五日以後と想定す）には〔、〕遅怠なく独（伊）に対し〔、〕帝国は近く準備成り次第英米に対し開戦するの意向なる旨」を伝えることが決定され、日本国家指導者は対米（英蘭）戦を決した（『速記録』第三巻、八一頁）。

とはいえ検察側の最終弁論によれば、当時の日本の国家指導者は世論に敏感で、日本国臣民から対米戦開始の支持をとりつけるには、段取りがもうひとつ必要と考え、それを実行した。
具体的には、木戸日記からの抜粋（一九四一年一一月一九日付）によると、「単に十一月末日を経過したりとの事務的理由を以て戦争に突入するは如何がと考えられ〔、〕惹ては将来の国論統一上にも面白からざる事態を生ずる虞れある」ので、「首相に於て最後の御決意を奏請せる場合には〔、〕事宜によりては重臣を加えたる御前会議の開催につき首相に御下命を願いたきこと」という。つまり、歴代の総理大臣を交えた政府・大本営代表者の国策会議を天皇臨席で実施し、それを天皇の「最後の御決意」の場とするよう勧めたとのことである（『速記録』第三巻、八八頁、傍点は加筆）。

このような経緯で、対米戦如何を審議するべく一一月二九日に重臣会議が開催された。この会議は政府代表を伴いつつ、天皇が重臣の意見を聴取する、という形式だった。ところが実際の会議では、戦争に対する消極論を重臣が表明し、この場を天皇の「最後の御決意」の場とするにはふさわしくない事態となった。その事実は、木戸の法廷証言にみられ、検察側の最終弁論でも言及されている。

木戸によると、重臣のひとりであった若槻礼次郎は、「我国民は精神力に於ては心配なきも物資の方面に於て果して長期戦に耐え得るや否や、慎重に研究するの要あり」と述べ、「帝国の自存自衛の必要とあれば〔、〕仮令敗戦を予見し得る場合と雖も国を焦土となしても立たなければなりませんが〔、〕只理想を描いて国策を御進めになること〔、〕例えば大東亜共栄圏の確立とか、東亜の安定勢力とかの理想にとらわれて国力を使わるることは誠に危険でありますから〔、〕之は御考えを願わなければならないと存じます」と、膨張主義的戦争を戒める発言をした（『速記録』第七巻、一六九～七〇頁）。

岡田啓介海軍大将も、「物資の補給能力につき充分成算ありや。甚だ心配なり。先刻来政府の説明ありたるも未だ納得するに至らず」と発言し、消極論であった（前掲書、一六九頁）。

平沼騏一郎（被告人）は、日本国民の精神力についての若槻の発言に「同感」と述べ、「只既に四年の戦争を遂行して居ります今日、更に長期の戦となれば困苦欠乏に堪えなければなりませんので〔、〕民心を引締めて行きます点については充分の施策と努力が必要」と述べ、戦争が長引くことを予見して、精神面での戦争準備を強化する必要性を強調した（前掲）。

先に辞任した近衛はというと、前内閣が日米国交調整に成果をあげられなかったことを「遺憾」とし、東条内閣の日米交渉努力に「感謝」を表明した。そして、「外交交渉決裂するも直に戦争に訴うるを要するや」と疑問を投げかけた（前掲書、一七〇頁）。

同席した広田元首相も、「今回危機に直面して直に戦争に突入するは如何なものにや」、「仮りに不得止とするも仮令打ち合いたる後と雖も常に細心の注意を以ち〔、〕機会を捉えて外交交渉の解決の途をとるべきなりと思う」と述べた（前掲）。

米内光政海軍大将は「資料を持ちませんので具体的の意見は申上げられませんが、俗語を使いましてて恐入りますが、ヂリ貧を避けんとしてドカ貧にならない様に充分の御注意を願いたいと思います」と述べ、これも対米戦消極論とみられる（前掲）。

重臣会議の翌日には、裕仁天皇から木戸に対して海軍部の見解について問いかけがあった。このことに関する木戸日記から抜粋（一九四一年一一月三〇日付）によると、「今日午前高松宮殿下御上りになりたるが〔、〕其時の話にどうも海軍は手一杯で出来るなれば日米の戦争は避けたい様な気持だが〔、〕一体どうなのだろうかねとの御尋ねあり」とのことである。つまり、海軍が対米戦を望まないということが、弟の高松宮から天皇に伝えられたのだった。（『速記録』第二巻、一〇二～三頁）。

こうして各方面から対米戦消極論を耳にした裕仁天皇は、同三〇日に「海軍の真の腹」を問いただすため、海軍大臣と軍令部総長を召集したという。木戸日記によると、海軍部首脳からの回答は、「海軍大臣総長に先程の件を尋ねたるに〔、〕何れも相当の確信を以て奉答せる故〔、〕予定の通り進むる様首相に伝えよとの御下命あり」とのことだった（前掲書、一〇三頁）。つまり、対米戦について自信があるとの言質を海軍首脳から得たのだった。そこで、一二月一日に御前会議があらためて開催され、この場で対米戦開始の最終的な決断が下されたのだった。

ここまで、検察側による最終弁論に導かれながら、一九二八年前後の日本の対満政策から一九四一年一二月一日の御前会議に至るまでの主な流れをたどってみた。このような要約から浮き彫りになるのは、訴因第一に示された共同謀議の存在ではなく、内部で対立を繰り返しながら場当たり的に対米戦を選びとっていく、という日本国家指導者の姿であった。

第三章　日本政府組織論

本章では、法廷でとりあつかわれた戦時下日本の政府のしくみをたどる。従来の裁判研究では、この側面の法廷審理は等閑視されてきたが、日本政府の組織や運営の実態がどこまで的確にとらえられたかは、東京裁判での訴追努力の質の良し悪しを決定するものである。そこで、本章はこの問題を検証対象とする。

そもそも国際検察局にとって、戦時下日本の政府がどう構成され機能したかをあきらかにするのは容易ではなかった。というのは、日本の国家機構は、明治時代からアジア太平洋戦争にかけて制度上の変革を遂げ、複雑なしくみを成していたからである。しかも、東京に集まった連合国の検察官らは日本語を解せず、日本の政治形態について専門知識もなく、開廷までの捜査期間が五カ月ほどしかないというハンディもあった。

近現代日本史研究は今でこそ充実している。しかし、東京裁判当時は皆無に等しい。そのような状況下にあった検察局は、自らの判断に頼りつつ、証拠収集に当たった。その結果、『木戸幸一日記』や『西園寺・原田回顧録』などの文書や証人を確保し、それらを法廷で利用した。こうして国際検察局は、図らずも近現代日本の政治制度史の草分けとなったのである。

本章の分析では、検察側の立証内容を一枚岩あつかいせず、裁判の進行とともに、それが深化していった様子をさぐる。弁護側の反証については、検察側の立証内容と争うところが少なく、戦時下日本の政府組織と運営の実態について、双方のあいだに一定のコンセンサスが達成された。本章では、その様子にも光を当てる。

1　検察側による当初の立証

開廷してまもなく検察側は、戦時下日本の政府のしくみを集中的にとりあつかった。まずは、一連の基本文書を書証として提出した。それらは、大日本帝国憲法（一八八九年発布、以下「明治憲法」）、政府の主要機構の組織形態や、職務などを定めた五〇件近い勅令や法令など（一八八五年から一九四二年のあいだに発せられたもの）、国家総動員法（一九三九年）、治安維持法（一九二五年制定、一九四一年改正）、といった文書から成った（『速記録』第一巻、六〇頁）。

法律上定められた正規の政府組織

検察側は第一立証段階の冒頭で、明治維新以後に組織された日本国家が、古来の天皇制を組み入れたことを指摘した。この新国家とは、「基本的法律即ち憲法は本質的にプロシヤ系で、立法府の組織は英吉利《イギリス》の其れに倣い、地方自治制度は仏蘭西《フランス》第三共和国の其れと近似している」とのことであった。そして、明治憲法を起草した伊藤博文に言及して、伊藤の著した『帝国憲法義解』から引用しつつ、天皇統治大権が新国家の大原則である点に、裁判所の注意を喚起した（前掲書、六二一～二三頁）。

つづけて検察側は、日本政府を構成する諸機関を紹介した。それは、内閣、枢密院、帝国議会などの行政や軍事および立法に関わる機関と、そのほかの輔弼機関や従属機関を網羅する内容であった。これら諸機関の組織形態や構成員の職務等については、明治憲法や関連する勅令等に定められており、検察側はそれらの文書に依拠しながら概説した。また、満洲事変後に日本が中国北東部に設立した満洲国についても、検察側はその政府機構を紹介した。

法律上明記されない国家機関

こうして検察側は、法律により定められた日本政府組織を紹介したが、同時に、非公式の政府機関がさまざま存在した事実についても、裁判所の注意を喚起した。

検察側によると、そのような政府機関は、「「目に見えず」、公然活動することなく憲法の外部にある行政的権力」であるという。それらはまた、「憲法に依り創られた形式的構造に生気を与えるもの」であり、「伝統の力に依り天皇に対し進言を為す機能を有する」。つまり、非公式かつ超法規的でありながら、天皇に対して直々に進言する権限を有し、正規の政府組織の運営に対しても多大な影響力を持つ、との位置づけである（前掲書、六二一頁）。

軍事関係の憲法外機関としては、皇族や陸海軍将官から構成される元帥府、軍事参議院、大本営、天皇の側近の一地位をなす侍従長、および参謀本部長と軍令部長を、検察側は挙げた。皇室関係の憲法外機関としては、宮内大臣、内大臣、皇族会議および侍従長を挙げた（前掲書、八二〜三頁）。

検察側が、超法規的国家機関の最たるものとして紹介したのは、「元老」である。検察側によると、元老とは、「明治維新の元勲の内から非公式に制定されたもの」であった。その権限と任務は、「新内閣の親任、宣戦布告、講和、条約の締結及び重要なる国際協約を含む内政及び外交上の最も重大なる事項に関し天皇の諮詢に答える」と幅広く、国策上の最重要事項について天皇に進言する存在だった（前掲書、八三頁）。

ただし検察側によると、最後の元老西園寺公望が一九四〇年に死去すると、「元老は制度上消滅」した。その空白を埋めるため、宮廷内の一機関である内大臣が浮上したという。そして、かつて総理大臣をつとめた者も、「重臣」として一九四〇年七月に召集された。西園寺死後は、内大臣が重臣と協議し、新内閣の総理大臣を天皇に進言するという元老の一機能を担ったと、解説した（前掲書、八三〜四頁）。

法律上明記されないもうひとつの国家機関——「連絡機関」

検察側によると、これらの非公式な国家機関に加え、戦争の経過とともにさまざまな「連絡機関」も組織されるようになった。検察側のいう「連絡機関」とは、法律で定められた正規の政府機関のあいだに生じた「分離せる管轄権の領域」や、「如何なる憲法上の機関に対しても付与せられていない管轄権の領域」、あるいは「抵触重複せる管轄権の領域」を調整するために、形成された（前掲書、七九頁）。

初期の連絡機関は、内閣の主要メンバー数名から成った。具体的には、「首相、陸相、海相並びに外相に依る四相会議が設置せられ、後に之に蔵相が加って五相会議」が設けられた。しかし、「一九三七年支那事変の勃発に引続く情勢の緊迫化に伴い〔、〕各部大臣と統帥部の権限範囲の重複せる活動分野を統合する方策の必要」が高まると、より規模の大きい「連絡会議」、すなわち大本営政府連絡会議が設置されたという（一九三七年一一月に設置）。連絡会議は、「首相、外相、陸相、海相、内相、陸海の各幕僚長、次長及び陸海の各軍務局長より構成せられ、時には更に企画院総裁、内閣書記官長が列席」した。そして、連絡会議は「大体定期的に会合」した（前掲書、八四頁）。

さらに検察側は、もうひとつの重要な連絡機関として「御前会議」を紹介した。解説によると、御前会議とは、「日本の政府内に一制度として数百年間存在」し、天皇の臨席のもと実施された。その構成員は、天皇のほかには、「首相、枢密院議長、海相、陸相、外相、蔵相、企画院総裁、参謀総長、同次長、軍令部総長、同次長、及び陸海軍各軍務局長」であった。なお、「連絡機関」としての御前会議と大本営政府連絡会議とは区別され、前者については、「真に重大なる情勢下に於てのみ〔、〕真に重大な政策を決定する為に召集せられる」のが常で、「斯かる会議は一定の時に置いて定時に行われたのではなく〔、〕国家の超非常時に於てのみ召集された」と解説した（前掲）。

検察側は、これら二つの連絡機関が手続き上、どう連携したかについても説明した。手順としては、「或る議題議案が関係方面の同意を得た場合に〔、〕それが連絡会議に提議され更に連絡会議が御前会議開催を奏請する」のが通常だったという。つまり、政府機構各方面→大本営政府連絡会議→御前会議が国策決定の流れである。また、この手順について検察側は、「常に連絡会議が御前会議に先行して開かれたるが故〔、〕連絡会議に於て到達した決議は〔、〕それより正式な御前会議の決議上最も重要であった」、とも解説した（前掲、傍点は加筆）。つまり、大本営政府連絡会議の方が、「形式的」ないし儀式的に開催される御前会議よりも国策決定の最重要機関、との位置づけである。

ただし、先に引用した解説では、御前会議について「真に重大なる情勢下に於いてのみ〔、〕真に重大な政策を決定する為に召集せられ」、「斯かる会議は一定の時に置いて定時に行われたのではなく〔、〕国家の超非常時に於てのみ召集された」との指摘があった。そのため、第一段階の検察側立証では、大本営政府連絡会議と御前会議との関係について、矛盾を残した。この点は、検察側と弁護側の両方から関連する書証や証言が提出され、やがて解消する。このことは次節でたどる。

第一立証段階にて検察側は、戦争末期に形成されたもう二つの連絡機関にも言及した。そのひとつは、最高戦争指導会議である（一九四四年八月に設置）。これは、「戦時中小磯内閣の時に出来たのであるが〔、〕実際は名称を変えた元の連絡会議」と位置づけた。もうひとつは、大本営会議である（一九四五年四月に設置）。検察側の説明によると、「戦争中連絡会議及び最高指導会議が其の逢着せる諸問題に適切に応じ得ない場合〔〕首相は作戦用兵事項に関与はしなかった」。しかし、この連絡機関の設置により、大本営で主宰される会議に首相が臨席できるようになったという（前掲）。これら二つの機関について、第一立証段階ではくわしい説明がなかったが、審理が進むにつれ新たな証拠や証言が確保された。このことについても、次節でたどる。

帝国議会

帝国議会について明治憲法には、「天皇は帝国議会の協賛を以て立法権を行う」（第五条）という規定があり、天皇の立法権行使を補佐する一機関に位置づけられていた。第一立証段階で検察側は、帝国議会の組織や権限について、くわしく説明した。

説明事項には、帝国議会が二院制であること、貴族院は皇族など爵位をもつ者で、天皇に任命された約四〇〇名で構成されたこと、衆議院は議席総数四六六から成り、選挙により議員が選ばれたことなどが含まれた（前掲書、六六〜九頁）。また、帝国議会の権限が狭く定められていた事実にも、検察側は裁判所の注意を喚起した。主な点としては、議会は財政について立法権を持ったものの、内閣にも議会の抑制を受けない財政上の権利が存した。議会閉廷中は、天皇またはその輔弼者たる国務大臣が、勅令を発して立法権を行使することもできた。そして議会には、戦争や和平に関する決定権も、条約締結の権限も存しなかった、といった指摘である（前掲書、七九〜八二頁）。

こうして検察側は、帝国議会が憲法体制下の目立った国家機関でありながら、さまざまな制約があったことをあきらかにした。検察側は、第一立証段階以後は、帝国議会について新たに論じることはなかった。これはおそらく、被告グループに議員が含まれなかったためであろう。とはいうものの、歴史研究の観点からすると、帝国議会は国内あるいは対外政策の傍観者ではなかった。本書ではとりあげないが、議会や議員の戦争責任問題は、別途研究されるべきであろう。

枢密院

検察側の解説によると、枢密院は「天皇の至高諮問の府」と位置づけられた。その構成員は、議長一名、副議長一名、顧問官二五名であり、「総べて、天皇より終身任命され親任官」だった。枢密院会議には「親王並びに閣僚」も列席した。手続き上の特色としては、「会議は東京の宮城内に於て開かれ、天皇は時として傍聴者として出席」した。議事を決するときには多数決が採用され、「少数の顧問の投票は証明書を付して記録される」とのことだ（前掲書、六五〜六六頁）。

明治憲法では、「枢密顧問は枢密院官制の定むる所に依り天皇の諮詢に応え〔、〕重要の国務を審議す」（第五六条）と規定されていた。つまり、天皇に意見を求められた場合に進言するという、一種の受け身の機関だった。しかし、検察側によれば、枢密院は「度々内閣の政策問題に反対」し、帝国議会に対しても発言権を持ったという。しかも枢密院は、「議会に対し、又は国民に対して其の活動の何等政治的責任を有するものではなく」、その結果、「健全な議会制度の発達に偉大なる障害」でもあった。戦時中は、「段々に其の活動範囲を拡張し、其の権限を拡大して〔、〕近来に於ては対外及び国内問題に関する行政上に莫大なる監督権を有する「第三院」に相似するに至った」とのことであった（前掲書、七九頁）。

歴史研究の視点からいうと、このような枢密院の位置づけが妥当かどうかは議論の余地があろう。しかし、東京裁判の被告グループには、枢密院副議長（一九二六～三六年）と枢密院議長（一九三六～九、一九四五年）をつとめた平沼が含まれており、こうした解説は平沼個人に重大な意味をもち得た。

内閣

東京裁判の被告人グループには、かつて閣僚だった者が多く、かれらに対して戦争責任を追及するためには、戦時下日本の内閣のしくみが把握されなければならなかった。しかし、検察側の第一立証段階では、説明しきれない点がいくつかあった。以下に要旨をたどる。

まず検察側は、「憲法中には推測するの外内閣に関しては何等記述するところなき」と指摘した（前掲書、六三頁）。明治憲法では実際、次に引用する条項が示すとおり、国務大臣の存在は認めたものの、かれらが内閣を構成し閣僚という地位を占めることについては、一切の言及がない。

第五五条　国務各大臣は天皇を輔弼し其の責に任ず

二　凡て法律勅令其の他国務に関る詔勅は国務大臣の副署を要す

そこで検察側は、「内閣官制」（一八八九年）をはじめ、内閣に関係する各種文書に依拠しつつ、内閣のしくみを解説した。

検察側の説明によると、日本の内閣は当初閣僚一三名から構成されたが、やがて「無任所大臣」が加わり、構成員が若干増加した。内閣官制には、内閣の職務が七項にわたり記された。それらは、法律や予算案あるいは行政に関する勅令等を作成することや、省間の主管権限に関する争議を調整することであった。また、同官制には、「其の他各省主任の事務に就き高等行政に関係し事態稍《ママ》々重き者《ママ》は総て閣議を経べし」との規定があった。つまり、内閣を構成する国務大臣は、国務に関わる問題を幅広くとりあつかう義務を持つ、との位置づけである（前掲書、六三～四頁）。

検察側の解説によると、内閣の手続き上の特色としては、「議題を票決に付する事は稀」であった。そして、「意見の相違は閣議に於て、どちらかに委託されるか、さもなければ最後決定は首相に託されるのであって〔、〕唯一つの決議或は意見が公表される」という。つまり、内閣は議論を重ねて全会一致の決定に至るのを慣例とし、異論がある場合は、総理大臣による最終決定で解消するとの説明である（前掲書、六五頁）。

さらに検察側によると、内閣は制度上「種々の理由で倒れる」性質を持ち、高次レベルの国権機関でありながら脆弱な一側面をもっていた。倒閣の原因は多岐にわたった。検察側によると、「軍部の反対」、「貴族院或いは衆議院の反対」、「枢密院の反対」、「選挙に於ける敗北」、「国論並びに総理大臣の死」が主だった（前掲）。

内閣の有したこれらの特色――一方では閣議は全員一致を慣例とし、他方では、競合する機関あるいは世論からの圧力のため倒閣と組閣をくりかえす——は、閣僚の責任の範囲を見定めるうえでの重要事項である。おそらく検察側は、それを認識したのだろう。公判当初では、とくに内閣総理大臣と陸海軍大臣について、立ち入った解説を提供した。

検察側によると、閣議決定の原則は全員一致とのことだった。しかし、内閣官制には次のような条項が含まれ、内閣総理大臣とそのほかの閣僚とのあいだの責任関係が、一部あいまいであった。

第二条　内閣総理大臣は〔、〕各大臣の首班として機務を奏宣《そうせん》し〔、〕旨を承けて行政各部の統一を保持す

第三条　内閣総理大臣は〔、〕須要と認むるときは行政各部の処分又は命令を中止せしめ〔、〕勅裁を待つことを得（内閣官制はオンライン資料を利用）

これらの条項は、総理大臣は国務大臣らを代表する首班として天皇に進言し、かつその裁断に従って内閣を律する権限を持つ、と規定する。とすると、法律の観点からすれば、内閣の決定や進言等について責任を負うのは、総理大臣ひとりとみなされるべきなのだろうか。それとも残りの閣僚も責任を共有するのだろうか。

この問題について検察側は、伊藤博文の解説を裁判所に紹介している。検察側によると、伊藤の見解では、内閣総理大臣とは、「各大臣の職権を重くし担任する所を知らしめ」、なおかつ「内

閣の統一を保ち多岐分裂の弊無かりしめ」、内閣を統轄する職責を負う、という特別の地位に置かれた（『速記録』第一巻、六三頁）。他方、各国務大臣は、「その権限内の事項に付各自責任を負う」ため、その責任は総理大臣のそれより限定された。そのため、「彼等の間に連帯責任はない」とのことだった（前掲書、六九頁）。つまり、首班たる総理大臣と残りの閣僚のあいだには、責任の範囲に差があると理解される。

しかし、伊藤によるさらなる解説によると、すべての国務大臣に関係する重大な事項がある場合、総理大臣が「当然各大臣と協議する」。そして、そうした重大な国事については、閣僚は「連帯責任をとることが勿論適当」とのことだった（前掲）。

伊藤による閣僚責任の原則の要点は、次の三点にまとめられよう。

①国務大臣たる閣僚ひとりひとりは、基本的には各省の管轄事項について責任が問われる
②省を超越する国事については、閣僚全員に連帯責任の原則が適用される
③総理大臣は、首班として内閣の統一を保つという特別な責任を持つ

検察側は、こうして伊藤の憲法解釈を紹介したが、それをどう裁判所が解釈するべきかについては何らコメントせず、裁判所にその判断を委ねる立場をとった。多数意見が閣僚の責任問題をどう解決したかについては、本書の第五章でたどる。

陸海軍大臣に関しては、かれらが内閣に対して一定の独立を保っていたことを、検察側は裁判

所に知らしめた。検察側によると、そもそも「各省大臣は総理大臣の推薦により天皇之を任命」するのが、組閣の基本原則であった（前掲書、六三頁）。しかし、陸海軍大臣だけは別であり、明治以来の慣行では、陸海軍部それぞれが次期大臣を指名してきた（前掲書、六五頁）。

さらに内閣官制では、軍機軍令に関する帷幄《いあく》上奏の権限が、陸海軍大臣に認められていた。その結果、「陸海軍大臣の天皇面接、権能は他の大臣の天皇面接権能より大にして内閣総理大臣の権能と同等」だった、と検察側は指摘した。よって、「他の各大臣は其の職責遂行及び上奏に常に当り〔、〕凡ゆる点に於て内閣に対し責任を負うもの」だったが、「陸海軍大臣は、内閣総理大臣以外の他の大臣に対しては秘密なる事項に付て上奏する権能を保有するが故に、内閣の此の両大臣に対する支配は左程完全なものではない」。つまり、陸海軍大臣の場合、機密事項を他の閣僚に知らしめることなく天皇に直接進言でき、内閣の完全な統制下に入らなかった（前掲書、八二頁）。

さらに検察側が指摘するところによると、このように制度上、内閣に対して半ば独立した立場を有した陸海軍大臣は、内閣の存亡を左右する次のような手段を有したという。

（一）陸軍大臣又は海軍大臣を任命せざることに依り、陸軍又は海軍は組閣を妨害し又は大臣の指名を左右することが出来る

（二）陸、海軍大臣が現役地位なる関係上統帥府の命令に従い辞職を強要せらるることにより〔、〕陸軍又は海軍の何れかは其の内閣を辞職せしめることが出来る

（三）天皇に対する直接上奏の権能を利用することにより〔、〕陸軍大臣及び海軍大臣は総理大臣及び其の他の内閣員の意見とは反対なる政策、或は内閣員には絶対秘密なる政策を樹立することが出来た（前掲）

こうして検察側は、陸海軍大臣が閣僚のなかでも特異な権限を有し、明治憲法体制下の閣僚責任の原則が複雑に規定されていた点を裁判所に知らしめた。

2　検察側と弁護側の合意点

検察側立証の終了後まもなく弁護側の反証がはじまったが、そこには、検察側の第一立証段階を争う「部」は設けられなかった。反証全般でも、検察側の概説した日本政府組織の基本事項に対する目立った異論はなく、むしろ検察側の説明をだいたい妥当とみなすような内容であった。双方の主な合意事項は、次の四点にまとめられる。

①天皇の統治大権は不可侵の大原則であること

②憲法や勅令等で定められた正規の政府組織は、天皇が統治大権を行使するうえで不可欠であること

③元老などの超法規的国権機関も、正規の政府組織が機能するうえで不可欠であること
④戦時中に設置された連絡機関は、正規の政府組織を超越して国策決定するという、上部構造を成したこと

他方、検察側によるさらなる立証と弁護側による反証では、検察側の第一立証段階で解明されなかった諸問題への回答が得られた。とくに、政府と軍部とのあいだの力関係や、大本営政府連絡会議と御前会議とのあいだの関係について、矛盾点が解消されている。以下に、主要な証拠や証言をたどる。

政府と軍部の関係

検察側の第一立証段階では、軍部大臣に内閣の存亡を左右する力があった旨が指摘されていた。この点について、法廷では新たな証拠が受理され、実際に陸軍大臣による非協力的な行動により、倒閣が頻発したことがあきらかになった。また、当時の政府高官がこの問題を重大視していたことにも言及があった。

一例に、一九四〇年七月一六日に米内内閣が、畑俊六陸相（被告人）の辞任により崩壊した事件が挙げられる。当時の木戸日記には、度重なる軍の非協力による倒閣について平沼元首相が、「陸軍大臣の辞職によって内閣の倒るるは悪例なり〔。〕今迄往々にして如斯ことあるは遺憾なり」と発言したことが記録された（『速記録』第二巻、二二八頁）。

また、新たな証拠によると、軍部は内閣の存亡を左右するようになっただけでなく、そのほかの政府機関、とくに外務省を圧迫するようになった。この問題について注目されるのは、弁護側反証段階に得られた東郷茂徳（元外相）の証言である。東郷によると、外務省と陸軍とのあいだには対立関係が存在し、満洲事変のあとは、陸軍が外務省の担当領域をだんだんと蝕んでいったという。

東郷はその一例として、一九三四年に設立された内閣組織の一機関「対満事務局」を挙げ、次のように証言した。

満洲に関する事務は久しく対満事務局が取扱った。余は対満事務局には、何等の関係を有せず、従て満州《ママ》問題には何等直接の関係を有しなかった。満州《ママ》に就ては外務省は新京に大使館、哈爾賓《ハルビン》、満州《ママ》里、黒河、牡丹江に領事館を有したのみであって、此等公館を通じ外務省が処理した所は、満州《ママ》国に関する対蘇交渉事務のみであった。駐満大使は、関東軍司令官が、職務上当然就任することとなって居り、従て外務省は固より此を支配することはなかった。

（『速記録』第八巻、一〇三頁）

この証言と関連した証言は、被告人のひとり南次郎（関東軍司令官、一九三四〜六年）からも得られた。検察側による反対尋問の際、「あなたは日本の代表として、満州《ママ》国の軍事及び外交問題に関して、絶対的な統轄権を有しておったのではありませんか」と問われると、南は「そうです」と答え、満洲事変以後、同地における陸軍の権限が、外務省のそれと反比例的に拡大したことを暗に認めた（『速記録』第五巻、三八頁）。同様にして、星野直樹（満洲国国務院総務長官、一九三七〜四〇年）も、「勿論関東軍と満洲国政府とは非常に密接な関係があり〔、〕通常その政府は軍隊の意見を多く代表している」との証言を提供した（『速記録』第二巻、二七頁）。

日中戦争のつづく一九三八年一二月には、内閣の一組織として「興亜院」が設立されたが、東郷によると、この機関と外務省との関係は、対満事務局とのそれと類似した。東郷の証言によると、興亜院は、「満州《ママ》を除く支那に関する政治、経済、文化等各般の事項」を管掌するのみならず、「支那各地に出先機関を有し、支那の地方政権との交渉をも主管」した。つまり、中国に対する日本政府の外交に、実質的な影響を及ぼす機関であった。そして、興亜院の目的とは、「支那の問題に関する限り、如何なる外務省に於ても普通の職能である処の外務省の監督を〔、〕率直に他に移さんとするものであった」とのことである（『速記録』第八巻、一〇三頁）。

さらに東郷によると、やがて「外務省に残った権限は僅かに南京に於ける外交交渉――最狭義の外交――並に領事館関係事務（其の主要なるものは在支居留民の保護であった）に限られ」たという。そして、「斯くの如くして外務省と日支関係の連携は殆ど遮断せられ〔、〕外務省は支那問題処理の権限を失った」（前掲）。つまり、日中での全面戦争が継続するなかで、外交分野の専門であるはずの外務省が、中国方面についてその権限の大部分を失ったとの説明であった。

東郷は、太平洋戦争が開始してから設立された「大東亜省」についても、同様の証言をした。大東亜省は、拓務省を吸収し、外務省に属する権限の一部も内包した。東郷によれば、「伝えらるる新省設立は、外務省より日本外交の重要部分を剝奪し、日本の外交一元を紊《みだ》すのみならず、東亜諸国の自尊心を傷け、延いては日本と此等諸国の友好協力関係の維持を不可能ならしめるに至るべし」と判断されたという。そのため、当初は内閣の瓦解を引き起こしてでも新省の設置を阻止するつもりだった、と証言した。しかし、「宮中に於ては、内閣の更迭を欲して居られない」旨を嶋田海軍大臣から聞き、結局は断念したとのことだ（前掲書、一〇四～五頁）。

これら一連の証拠や証言から、政府と軍部との関係について二点があきらかにされた。第一点目は、満洲事変以降に政府組織が次第に変化をとげ、とくに陸軍は、対満事務局・興亜院・大東亜省といった機関を設置して、政府内に新たな足場を確保していった。第二点目は、政府内における陸軍の勢力拡大は、外務省の権限や管轄を侵食していくという形で実現した、であった。

さまざまな「連絡機関」の実態

検察側が公判当初に、さまざまな「連絡機関」を紹介したことは前節で述べた。これらが、具体的に誰によってどう運営され、何が決定されたかについては、検察側からのさらなる立証と弁護側の反証が待たれた。ここでは、大本営政府連絡会議、最高戦争指導会議、そして御前会議という、三つの「連絡機関」に関する新たな証拠をとりあげる。

検察側の証拠で注目されるのは、一九四一年に開催された大本営政府連絡会議のリストで、会議が開催された具体的な日時、場所および参加者が明示された（『速記録』第三巻、三五～九頁）。そこには、かつて内閣や軍首脳の主要メンバーだった被告人の名前が多く記され、かれらが国策会議に参加したことを裏づける重要な証拠、とみなされる。

弁護側の反証段階では、外務省高官の山本熊一が出廷し、連絡会議における審議について証言した。山本はかつて東郷の部下で、東亜局長と亜米利加局長を兼任した人物である。山本は、外務省係官として連絡会議に「随時出席」したとのことであった。山本の証言によると、「連絡会議の決定は多数決ではなく、列席者全員の意見が一致する迄討論が続けられ、全員の意見一致に到達した後、列席者が署名することになって居ました」(『速記録』第七巻、四八一頁)。連絡会議が全会一致を原則とした、というこの証言は、個々の会議参加者に議決を左右する力があったことを意味し、国策決定に関する個人責任を問う根拠となる。

一九四四年半ばに設置された最高戦争指導会議に関しては、田中武雄による証言が注目される。この人物は、小磯国昭(被告人)を首班とした内閣の書記官長をつとめた。田中によると、小磯は陸軍大将であったことから、最高戦争指導会議において、「時には作戦の内容に亙る事項に付て質問を発し意見を述べることもありました」。しかし、「大体に於て総理大臣が作戦に関することに容喙《ようかい》することは困るとの態度が軍部側構成員以下の間に認められ〔、〕機微に触れることを忌避せられました」。つまり、「最高戦争指導会議」とは命名されながらも、そこで作戦事項を審議することに大本営側が反発し、実現しなかったとわかる(前掲書、四一〇頁)。

また同証人によると、小磯はこの事態に対処するため、大本営の作戦用兵会議に首相が参加できるよう裕仁天皇に願い出て、それが実現したという。この会議とは、いわゆる「大本営会議」である。しかし、「此大本営列席は〔、〕首相をして作戦用兵の情況を承知せしむることを限度として与えられたるものであって〔、〕作戦用兵の議に参画して意見を開陳し討議に加わり得る権限は依然として与えられなかったのであります」という（前掲）。つまり、政府代表者たる小磯首相は、あくまで傍観者に位置づけられたのである。

こうした証言から、「陸軍」とか「軍部」とは一口に言っても、政府と大本営に分かれて所属する陸軍高官のあいだには、管轄をめぐる対立関係があったことがわかる。

国策決定機関としての御前会議

御前会議については、宮内省による御前会議の記録で、「昭和十三年一月十一日対支国策の決定を目的とする御前会議を開かる」と題された文書が、注目される（『速記録』第六巻、八二〇～一頁）。この文書は検察側が提出したもので、一九三八年一月に裕仁天皇の臨席する御前会議が初めて開催されたとき、なぜ天皇が「沈黙」という参加形式を採用したのかを説明するものであった。以下に要旨をたどる。

この文書によると、政府代表は同年一月一〇日、天皇の臨席する大本営政府連絡会議を希望する旨を伝えてきた。それを受けて、当時軍令部総長だった伏見宮親王（一八七五～一九四六年）をはじめとする天皇側近の数名は、どのような参加形式が適切であるかについて、内輪で話し合った。伏見宮の意見は、「従来御前に於ける会議の経験によれば〔、〕発言する者なく又陛下より御言葉もなく誠に運び難き情態なれば〔、〕陛下よりも何か御質問等有之様願度」とのことであった。つまり、天皇が何らかの発言をした方がよいとの進言であった（前掲書、八二〇頁）。

これに対して、元老たる西園寺は慎重論をすすめ、「陛下に責任を負わせ奉るを欲せざる意味にして〔、〕其他の御質問は差支えなからん」と表明した。つまり、天皇が御前会議で質問をするのはかまわないが、あとで天皇に対して日中戦争に関する責任追及の根拠になるような発言は避けるべき、との意見である（前掲）。

しかし、やがて近衛首相が、「御前会議の運行に就きては既に大体決定済の案を持参し〔、〕只御前に於て本格的に決定致度ものなれば〔、〕陛下の御発言は必要なからん」と伝えてきたため、天皇からの質問はなしとの方針が固まった。その翌日に御前会議が開かれると、事前に決められたとおり、「陛下には一言も御発言あらせられず」と同文書は記している（前掲書、八二一頁）。

こうした経緯により、日中戦争開始後に初めて開催された御前会議では、天皇は「沈黙」を参加形式としたとわかる。では、以後の御前会議でも「沈黙」を採用しつづけたかというと、そうではなかったことが、ほかの証拠からあきらかにされている。一例として、一九四一年九月六日に実施された御前会議が挙げられる。『木戸日記』によると、裕仁天皇は同会議にて、議長をつとめた原嘉道男爵（枢密院議長）をして統帥部に対して質問させ、また自らも、連絡会議の決定に不満である旨を若干の言葉で表明した（『速記録』第三巻、六三〜四頁）。

もうひとつの例として、戦争末期の一九四五年八月に開催された御前会議が挙げられる。そこでは、裕仁天皇が「聖断」という新たな行動形式を採用したことが、木戸による法廷証言と『木戸日記』によりあきらかにされた。

木戸によると、ポツダム宣言が発せられた約二週間後の一九四五年八月九日以降、日本の指導者層は、広島原爆投下とソ連の対日宣戦布告といった一連の事件の情報を受け、危機的状況にあった。対処策を講じるため、同年八月九日には、最高戦争指導会議が開催された。その結果、「一、皇室の確認　二、自主的撤兵　三、戦争責任者の自国に於ての処理　四、保障占領せざることの条件を以てポツダム宣誓を受諾する」という決定がなされたという（『速記録』第七巻、一八七頁）。

しかし木戸の説明によると、これらの四条件を出しては、日本が降伏する意志がないと連合国側に理解されかねないと危惧され、天皇も木戸もこの決定を歓迎しなかった。同日深夜には、皇居吹上御苑内の御文庫付属室にて御前会議が開かれ、午後一一時五〇分から翌日未明の二時二〇分までのあいだ、さらなる審議が進められた。そして、最終的には、「聖断により〔、〕外務大臣案たる皇室天皇統治大権の確認のみを条件とし〔〕ポツダム宣言受諾の旨決定」した（前掲）。つまり、裕仁天皇はこの御前会議において、最高戦争指導会議が事前に決定した事項を却下し、天皇の統治大権の保存という一条件のみをつけた降伏を、一方的に宣言したとわかる。

一条件付きの降伏は、すみやかに連合国側に伝えられ、それに対する「四カ国回答」が八月一一日付けで日本政府に伝達されたが、そこに天皇存続に関する何らの確約がなかったことは、本書の第一章でたどった。木戸は法廷証言の際、この四カ国回答に対する日本側の反応について語った。

その証言によると、天皇存続の確約なしではポツダム宣言受諾はできないとの意見があり、政府と軍首脳の主要メンバーは統一見解に至れなかった。そして、この問題を審議しようにも、最高戦争指導会議を再開すること自体が不可能となってしまったという。そこで、木戸内大臣は鈴木貫太郎首相と話し合い、「此際閣僚と最高戦争指導会議員連合の御前会議を御召集願い、一気に戦争終結の御下命を御願いして〔〕終戦の詔勅を起案することを御命令願う外ないと力説」し、鈴木がそれに同意したとのことである（前掲書、一八八頁）。

この案に従い、八月一四日に御前会議があらためて開催された。その状況について、木戸は次のような証言を提供した。

其結果十時半より閣僚、最高戦争指導会議員連合の御前会議を仰せ出されました。事実は御前会議は十一時頃より御文庫付属室に於て開催せられ、茲に太平洋戦争の終結は決定せられたのでありました。（前掲）

この証言にみる「決定」の主体が、裕仁天皇であったことは言うまでもない。

これら一連の証拠から、御前会議について三点があきらかにされた。

第一に、御前会議において裕仁天皇は、状況に応じて「沈黙」や「聖断」などを参加形式として採用し、その臨席という行為は、ある種の主体性を帯びたものであった。第二に、大本営政府連絡会議と、その後継機関に当たる最高戦争指導会議は、必ずしも御前会議に先行して開かれなかった。むしろ、緊急時においては連絡会議なしで御前会議が開催されることもあった。第三に、連絡会議が先行した場合でも、そこでの議決は御前会議で却下され得たのであり、実際に却下されたこともあった。これら三点は、検察側の第一立証段階にみられた矛盾点を解消し、実際の御前会議は、連絡会議に優越する国策決定の国家最高機関だったと理解される。

3　検察側によるもうひとつの政府組織論

戦時下日本の政府構造と被告人との関係

こうして法廷では、戦時下日本の政府組織とその運営について、第一立証段階で不明瞭あるいは矛盾していた事柄について、回答が得られた。ところが、裁判記録をつづけてみてみると、検察側は最終弁論において新規の政府組織論を提供し、それを採用するよう裁判所にうながしたことがわかる。なぜ、そのような措置にでたのだろうか。本節ではまず、その新たな政府組織論をたどり、そして検察側の意図を考察する。

検察側は公判当初、戦時下日本の政府組織が三層構造を特色とする旨を説明していたのは、本章の冒頭でたどった。要点を再度おさえると、その三層とは、（1）憲法や勅令で定められた正規の政府組織、（2）元老などの超法規的な国家機関、（3）「連絡機関」という、正規の政府組織の上部機構をなすもの、であった。

これに対して、最終弁論でも検察側は、戦時下日本の政府構造が三つの部分から成るとの説明をしたが、それは次の引用にみるとおり、公判当初のそれとは異なった。

各被告は其のなした特殊行為に関し次の三部類に類別されるのであります。即ち（1）日本の法律の定むる所に依り〔、〕政策策定に対する最終の義務或は責任を有していた被告、（2）最終の義務或は責任を有していなかったけれども、日本の法律の定むる所に依り、従的又は中間的資格に於て〔、〕政策策定に対する義務或は責任を有していた被告、（3）日本の法律の定むる所に依り義務或は責任を有していなかったけれども、其のなした行動及び声明に依り自分自身を政策策定者と同一水準に置きしため〔、〕事実上責任を負わせらるべき被告であります。（『速記録』第九巻、八四頁）

この説明は、法律で規定される正規の政府機関を重視しているのが特徴で、元老や連絡機関などの超法規的国家機関を考慮しないものであった。

このような新規の政府組織論を提言したのち、検察側はあらためて明治憲法に立ち返り、「日本憲法によれば、政府の全機能は日本国天皇に帰属して居た」と述べた。つまり、日本が天皇の統治大権を大原則としていたことを、検察側は再度確認した。ところが、つづく説明では、「被告達自身も……天皇は進言者の意見に従ってのみ行動するものであることを主張」したと述べ、天皇の主体性を否定するような証言を被告側が提供していことに、裁判所の注意を喚起した（前掲書、八六頁）。

そうした証言の具体例として、検察側は木戸や東条に言及した。そして、かれらがとにかく

「進言者であり、且彼等が最終の責任を彼等自身に負う様選んで」いる以上、かれらを実質的な最高政策決定者とみなすことに問題はない、という論を進めた（前掲）。

天皇の戦争責任をめぐる検察側のジレンマ

この一連の論で、検察側はいったい何を達成しようとしたのだろうか。

おそらく検察側は、裕仁天皇を被告グループから外すという連合国の政策をふまえ（本書の第一章参照）、東京裁判の終盤では、思い切って天皇を責任論議から外してしまおうとしたのではないだろうか。しかし、もしそれが検察側の意図だったならば、木戸や東条の証言に触れることは賢明でなかった。なぜなら、かれらの証言はむしろ天皇が国策決定権を持ち、主体的にその権限を行使したことを物語っていたからだ。ここで、木戸・東条証言の要点をたどってみよう。

木戸の場合、裕仁天皇が平和を愛好したという主張に徹しようとした様子が、法廷記録からうかがわれる。しかし、その努力が行き過ぎ、かえって天皇の責任問題に裁判所の注意を喚起していた。具体的には、一九四一年一〇月に、裕仁天皇が東条に組閣を命じたことに関する証言で、そのような事態が発生していた。

木戸によると、東条への下令があった際に、同年九月六日の御前会議による決議について、それは「一度白紙に返すというところまで、陛下は御処置になったのであります」ということだった（『速記録』第七巻、二二〇頁）。木戸はこの証言により、裕仁天皇があくまで平和愛好の信念に従い行動をとった、と主張しようとしたとみられる。

しかし、これを聞いたウェブ裁判長は間髪入れず、「陛下はその権限を、どこから得たのですか」と質問した（前掲）。つまり、御前会議の決定を裕仁天皇が一方的に無効としたことについて、新たな説明を被告人に求めたのである。木戸の回答は次のとおりである。

木戸証人　それは陛下の意思を、当時の総理に伝えたのでありまして、内閣によって、これが再検討されたのであります。それでかくのごとき措置は、明治時代にもなかった実は最も進んだ処置だったのであります。その後に再び研究の結果、初めてここに十二月八日の事件〔対米英蘭戦の開始〕が起ったのでありますので、このときは、陛下としては、自存自衛という以上は、これを御拒否になることは、できなかったのであります。（前掲）

ここでは、自存自衛のため裕仁天皇は開戦決定を支持せざるを得なかった、と木戸は説明したものの、先例のない「もっとも進んだ処置」をとる権限を、そもそもどこから得ていたのかという問いについては沈黙した。

東条による証言も、木戸のそれと似たり寄ったりだった。一方で東条は、「天皇は自己の自由の意思を以て内閣及び統帥部の組織を命ぜられませぬ。内閣及統帥部の進言は拒否せらるることはありませぬ」と証言し、天皇という国家機関が何らの主体性をも有しない名ばかりの存在、といった主張に徹しようとした（『速記録』第八巻、二〇三頁）。しかし、他方では、天皇に対する畏敬の念を表そうとするあまり、天皇の意志が絶対であるという発言をするに至っている。少し長くなるが、重要なので当該部分を引用する。

ローガン弁護人〔木戸被告の弁護人〕　天皇の平和に対する御希望に反して、木戸侯が何か行動をとったか。あるいは何か進言をしたという事例を、一つでもおぼえておられますか。

東条証人　そういう事例は、もちろんありません。私の知る限りにおいては、ありません。のみならず、日本国の臣民が、陛下の御意志に反してかれこれするということはあり得ぬことであります。いわんや、日本の高官においておや。

ローガン弁護人　これをもって、木戸公のための尋問を終了いたします。

裁判長　あなたとしては、これから起るところのいろいろなこまやかな意味合いをよくわかっておると思います。

〔**モニター**　〔ウェブ裁判長の発言を通訳し直して〕これから、というのは、ただいまの回答がどういうことを示唆する〔か〕ということがわかるでしょうね〕〔前掲書、二一一〜二頁。ウェブ裁判長の発言の原文は **"Well, you know the implications from that reply."** *Transcripts*, **p. 36521.**〕

このやりとりで、東条が「日本国の臣民が、陛下の御意志に反してかれこれするということはあり得ぬ……いわんや、日本の高官においてをや」と発言するや、ウェブ裁判長が「ただいまの回答がどういうことを示唆する〔か〕ということがわかるでしょうね」とコメントしている。これは、天皇の責任論をめぐる重大な証言が確保された、という裁判長の見解を示している。

弁護人のひとり塩原時三郎によると、キーナン首席検察官は東条によるこの発言を重大視し、舞台裏で弁護側に連絡をとって、証言の修正を図った（「井上忠男資料　極東国際軍事裁判関係聴取書資料」内の「元国際軍事裁判弁護人塩原時三郎氏からの聴取書（第一回）」）。もし、そのような処置を検察側がとったとすれば、公正な裁判という原則に悖る行為であるが、約一週間後の反対尋問では、キーナンは事実この発言に言及し、東条が説明を加えられる機会を設けているので、そのような働きかけは実際にあったのだろう。新たな尋問の当該部分は、次のとおりである。

キーナン検察官　そうしてまたさらに二、三日前にあなたは、日本臣民たるものは何人たりとも、天皇の命令に従わないというようなことを考えるものは、ないということを言いましたが、それも正しいですか。
東条証人　それは私の国民としての感情を申し上げておったのです。責任問題とは別です。天皇の御責任とは別の問題。（『速記録』第八巻、二六五頁）

このやりとりで、自分の発言を天皇の責任問題と結びつけるべきではない、と東条は主張しているのがわかる。しかし、日本国の臣民が天皇の意志に反した行動をとることは決してない、という証言を撤回するまでには至らなかった。
要するに、木戸と東条による証言は、裕仁天皇が統治大権を行使したことを裏書きするものだった。ところが検察側は、これらの証言を根拠に、天皇ではなくその部下が国策決定の最高責任者とみなされる、と最終弁論で主張したのである。

つづけて検察側は、国策決定に関わった責任者を指摘したが、どうしたことか「内閣閣僚」、「統帥部部員」、「枢密院顧問官」、「内大臣」といった四種のみを挙げ、そのほかの政府高官には言及しなかった（『速記録』第九巻、八六頁）。このリストは、法廷で浮き彫りになっていた戦時下日本の政府組織やその運営の実態に合致せず、まとめとしては不足であった。しかし、検察側にとっては好都合な列挙ではあった。なぜなら、被告人の多くは、戦時中これらの地位のいずれかを占めていたからだ。

とはいうものの検察側は、戦時下日本に「連絡機関」も存在したことには若干触れている。最終弁論では、連絡機関については次の結語のみを提供した。

> 内閣と統帥部とは国策決定に関し、其の権限が重複していましたため、此等二つの機能職掌を調整するため〔、〕連絡会議及び御前会議が此の目的のために用いられました。連絡会議は〔、〕通例政策決定の最終及び中間の主要責任を有する閣僚と統帥部部員とで出来ていました。被告等は此の組織には何を決定する権限もなく、其の決定は其の後内閣及統帥部の活動で補わねばならないようなものであったと主張しています。之は勿論何うでもよいことで〔、〕これは連絡会議又はそれよりももっと正式の御前会議の最終決定で〔、〕内閣或は統帥部が各々其の権限内で実行しなかったものがあったと云う証拠は全くないからであります。此等決定は必ず日本の国策となりました。これは此等の会議の唯一の目的であったのでありま

す。（前掲書、八七～八頁、傍点は加筆）

この結語には、問題点が三つ指摘される。

第一に、「被告等は此の組織には何を決定する権限もなく」、というくだりが示唆するように、検察側は最終弁論の段階では、連絡会議や御前会議を国家最高レベルの国策審議の場とはみなしたものの、これらを国家最高レベルの国策決定機関とはあえて位置づけなかった。

第二に、右の引用では、大本営政府連絡会議と御前会議に言及してはいるものの、一九四四年から一九四五年に設置された最高戦争指導会議と大本営会議には触れていない。結果的には、それらが戦争の計画や遂行に果たした役割を無視している。

第三に、右の結語では、第一立証段階で検察側が使った「形式的」という文言をくりかえすことにより、御前会議が連絡会議の決定事項を追認する儀式的な場に過ぎなかった、との位置づけを維持した。つまりこれは、国策決定の主体を連絡会議に据え、御前会議に責任が及ぶことを避けるような論であった。

検察側による政府組織論が、最終弁論でこのようにまとめられたことは、必ずしも驚くことではない。おそらく検察側は、裁判当初から天皇の責任問題をタブー視し、できることならばその問題をあつかいたくなかった。しかし、国家元首たる裕仁天皇の決断が、戦争の計画や遂行に必須だったことは、検察側と弁護側の証拠や証言が余すところなく示すところであり、この問題を避けて通ることはできなかったのではないだろうか。このジレンマから脱する苦肉の策として、天皇を責任組織の枠外に据える新たな政府組織論を提供した、と考えられる。
天皇の責任問題をタブー視したのは、実は国際検察局だけではなかった。それは多数派判事も同じであった。本書の第五章でみるとおり、多数派判事はその判決で、天皇制を中核とする国家組織が戦時下日本に存在した事実にほとんど触れず、裕仁天皇が戦争の計画や開始にどう関与したかについても沈黙を保ったのである。
多数派判事によって判決が書かれていた当時、ウェブ裁判長はこの事態を憂慮し、多数派判事のひとりであるアメリカ代表判事マイロン・クレイマー宛に一九四八年九月一五日付けで、ある覚書を送っていた。そこに記される警告については、『東京裁判「神話」の解体』（ちくま新書、二〇一八年、二七八頁）で言及したが、再度ここで引用する。

戦争の開始と終了のさいに天皇が果たした役割についての言及がまったくないことに、わたしは気づきました。もし判決書がかれの役割をここまで軽んじて扱ってしまっては、痛烈な批判をうけることになるでしょう。

しかし、多数派判事はこの進言を黙殺した。そのかわりに多数意見では、天皇抜きの抽象的な政府組織論を採用し、それを適用して各被告人に対する起訴事実を審査したのである。

第四章　戦争犯罪の争点

本章は戦争犯罪に絞り込み、各被告人の責任が法廷でどう究明されたのかをたどる。前章につづき、本章でも法廷での審理を一枚岩あつかいせず、検察側立証と弁護側反証とを経て、責任の所在が次第に浮き彫りにされた様子に光を当てる。

法廷での立証と反証を追う前に、まず戦争犯罪に関する部分を起訴状にみてみよう。

1　検察側の適用する責任論

起訴状には、「第三類――通例の戦争犯罪と人道に対する罪」と題された部分があり、そこには三つの訴因が含まれた（訴因第五三～五五）。

そのうちの訴因第五三には、共同謀議論が適用された。しかし多数派判事は、裁判所憲章に照らすと、共同謀議論は平和に対する犯罪にのみ適用される、と判断したため、最終的には訴因第五三を審査の対象から外した。この判断は先例に従うものであり、ニュルンベルク裁判所でも、裁判所憲章が共同謀議論の適用を認めるのは平和に対する犯罪のみ、と判定していた（Nuremberg Judgment, p. 226.）。

もうひとつ注意されるのは、第三類に示された起訴事実は、捕虜の虐待や占領地市民に対する残虐行為などの「戦争犯罪」に相当し、「人道に対する犯罪」という明確な位置づけがなかった。人道に対する犯罪とは、一般市民に対する大規模あるいは組織的に敢行される残虐行為を指す。この種の国際犯罪は、被害者の国籍を問わない点と、戦時下という文脈を立証要件としない点で、通例の戦争犯罪とは性質が異なった。（定義はローマ規程の第七条参照）。

本章では以上を踏まえ、訴因第五四と五五のみを分析し、訴因に含まれた起訴事実も、「戦争犯罪」との理解で進める。なお起訴状には、「殺人罪」の訴因も織り込まれていたが（第二類、訴因第三七〜五二）、これらの訴因は裁判所がすべて却下し、考慮の対象としなかった。そこで、本書でも省略する。

訴因第五四・五五における対照的な責任論

訴因第五四と五五は、戦争犯罪に対する責任を被告人に帰するが、これらには対照的な責任論が適用された。それぞれの責任論を、ここで概説する。

訴因第五四では、各地の日本軍将兵や官憲、および捕虜管理業務に当たる者に対して、被告人が戦争犯罪を「行うことを命令し授権し且許可」したとする（『速記録』第一〇巻、八二二頁）。この「命令」や「授権」という言葉から、訴因第五四は作為犯を基調とするものと理解される。ただし、「許可」という言葉については、これが犯罪実行の許可を発するという意味なのか、それとも黙認するという意味なのか、はっきりしない。そのため、訴因第五四には、作為犯と不作為犯の両方の意味が持たせられている。

これに対して訴因第五五は、不作為犯を基調とした。この訴因によると、各被告人は「夫々《それぞれ》の官職に因り」、捕虜や占領地の一般市民が人道的にあつかわれるよう確保する義務を持っていた。しかし、被告人は、そうした「義務を故意又は不注意に無視」したという。この、「故意又は不注意に」(deliberately and recklessly)という但し書きから、犯罪の主観的要件については、「故意」や「不注意」による義務の無視が立証できれば被告人に責任が帰せる、というのが検察側の主張であったと理解される(前掲および *Documents*, p. 33)。

参考までに、一九六二年にアメリカ法学会は、刑法の基本原則を規定する『模範刑法典』を公表している。そこでは、犯罪の主観的要件が四つ認められた。それらは、(1)「purposely」(意図的に)、(2)「knowingly」(認識して)、(3)「recklessly」(無謀に、無思慮に、あるいは不注意に)、そして(4)「negligently」(過失に)であった。(American Law Institute, "Model Penal Code," Section 2.02)。東京裁判の起訴状に含まれた「故意に」(deliberately)は、『模範刑法典』には認められていない。また、田中英夫編『英米法辞典』(東京大学出版会、一九九一年)でも、用語としての記載がない。

山下裁判の起訴状との相違点

東京裁判の国際検察局は、基本的には、ニュルンベルク裁判の起訴状を模範とした。しかし、訴因第五四と五五に織り込まれた「許可」や、「義務を故意又は不注意に無視」は例外で、これらの文言は、ニュルンベルクの起訴状にはみいだせない。では、国際検察局がこれらを独自に起草したかというと、そうではない。これらと同じ言葉は、ニュルンベルク裁判より先に結審した山下裁判（一九四五年一〇～一二月）の起訴状で、使われていた。

山下裁判とは、フィリピンの首都マニラに設置された軍事委員会にて、米陸軍が実施した八七件のうち、一番はじめに実施された戦犯裁判を指す。この件の被告人は、太平洋戦争末期に第一四方面軍の総司令官の任についた、山下奉文《ともゆき》陸軍大将だった。山下は同法廷で、フィリピン防衛戦中に部下将兵が各地で遂行した残虐行為について責任を問われたが、山下による犯罪の命令、授権、あるいは義務不履行の証拠を、検察側は取得できていなかった。このような弱点をおぎなうためであろう。検察側は、「許可」や「義務を故意又は不注意に無視」といった言い回しを起訴状に採用し、起訴事実に一種のあいまいさを持たせた。最終的には、山下を犯罪に結びつける「連鎖証拠」を、検察側は提供するに至らなかったが、マニラ米軍事委員会は、山下に有罪・極刑の判断を下した（戸谷『不確かな正義』第一章参照）。おそらく東京裁判の国際検察局は、この判決を有利な先例とみなし、山下裁判の起訴状を模範とする訴因を作成したのであろう。

なお、結審後に山下の弁護人は、人身保護令状の発給を求める嘆願書を提出したい旨を米最高裁判所に知らしめ、米最高裁にて論じる機会を得た。米最高裁の多数派判事は、管轄外であるとの理由でそれを棄却したが、二名の最高裁判事は個別反対意見を著した。そのなかには、「許可」という言葉が起訴事実に含まれたことについて、次のような批判が含まれた。

せいぜい「許可する」とは、推論あるいは推測によって認識を課せるのみである。そして、起訴内容の文脈からしてその言葉の意味は、「許す」あるいは「防止しない」――つまり、認識欠如とたんなる不発見を意味する。死刑を課しうる裁判では、そのような両義性はまったく場違いである。（*In Re Yamashita*, 327 US 1, Rutledge dissenting opinion; see footnote 17 in Reel, *The Case of General Yamashita*, p. 297）

米最高裁の多数派判事が山下による願い出を棄却し、判事二名が個別反対意見を公表したことは、ワシントン・ポストやニューヨーク・タイムズなどの全米有力紙にて、すぐに報道された（戸谷『不確かな正義』、二七～八頁）。東京裁判の国際検察局も、米最高裁の意見を同時期に知ったであろう。それでも検察側は、戦争犯罪の訴因については、山下裁判の起訴状に依拠する道を選んだのである。

起訴状における責任論の特色

こうして東京裁判の起訴状は、山下裁判に負うところがあるのだが、これら二つの裁判のあいだには目立った違いもある。それは、被告人と犯罪実行人との関係についての記述である。

　山下裁判の起訴状では、被告人が軍司令官の地位を占め、戦争犯罪の遂行者が山下の指揮下にあった点が明記された。これは、被告と犯罪実行者とのあいだに、軍指令系統に基づく上官―部下関係があったことを、検察側が立証要件とみなしたことを示す。こうした要件を伴う責任論は、「指揮官責任論」（command responsibility）という呼称で、その当時は知られていた。

　東京裁判の起訴状の場合、上官―部下関係を要件とするような文言が見当たらない。そのかわりに、被告人が「夫々の官職」（訴因第五五）において、戦争法規慣例の遵守を確保する義務を有していたにもかかわらず、そうした義務を履行することを怠った、と主張する内容であった。では、この「夫々の官職」や「義務」とは、具体的に何を指すのか。この問いに対する答えは、起訴状の付属書DとEにみいだされる。

　付属書Dは、戦争法規慣例に関する国際条約から引用した条文と、「違反行為の細目」と題された戦争犯罪の事件リストを含んだ。ここで注目されるのは、引用された条文等に、「政府」が国際法遵守を確保する義務の主体として明示してある点だ。一例として、「陸戦法規慣例に関するハーグ第四条約」（一九〇七年締結、以後「ハーグ条約」と略称）の付属書第一款第四条には、次のような規定が含まれた。

> 俘虜は敵の政府の権内に属し〔、〕之を捕えたる個人又は部隊の権内に属することなし（『速記録』第一〇巻、八三〇頁、傍点は加筆）

この引用では、「政府」が捕虜を保護する責任の主体とされている。捕虜を捕えた軍部隊等の義務については、それは二次的という位置づけであった。

これと同様の規定は、「戦地軍隊における傷者及び病者の状態の改善に関する国際条約」（別称「赤十字条約」あるいは「ジュネーヴ条約」、一九二九年締結）の第二六条にもみられる。

> 交戦軍の総指揮官は各其の本国政府の訓令に従い〔、〕且本条約の一般原則に準拠し〔、〕前諸条の執行に関する細目及び規定漏の事項を補足処理すべし（前掲、傍点は加筆）

この条文でも、戦争法規の遵守を確保する義務は、第一に「政府」に存するとの位置づけである。軍司令官については、「政府」からの訓令に従う義務があるとした。

これらの条文から、起訴状に示された「夫々の官職」とは、政府機構のなかの官職、と理解できる。また、「夫々の官職」を占める人物の「義務」とは、自国軍が戦争法規を順守することを確保という、国際条約に認められた「義務」と解釈される。

付属書Ｅでは、検察側が適用する責任論が示された。この付属書は、すでに本書の第二章第２節で紹介したが、訴因第五五の「夫々の官職」に若干の説明を加える内容なので、もう一度引用する。

各被告に対してその占むる地位よりする権力、威信及び個人的勢力を利用し、本起訴状中当該被告の氏名を記載せる各訴因に掲げられたる犯罪行為を促進し且遂行する為めに用いたることを訴追するものとす〔。〕

各被告に対して以下に於てその氏名に対し掲げられたる期間中彼が閣員たりし諸内閣及び彼が支配的地位を有せし一般官庁機関、陸軍機関又は海軍機関の凡ての行為又は懈怠《かいたい》行為に対する責任者の一人たりしことを訴追するものとす〔。〕（『速記録』第一〇巻、八三一〜二頁、傍点は加筆）

この記述で注目されるのは、「一般官庁機関、陸軍機関又は海軍機関」というくだりである。この部分に照らすと、起訴状に示された「夫々の官職」とは、政府の諸官庁だけではなく、陸海軍組織をも包含する、と理解される。

なお付属書Eからの同じ引用では、「閣員たりし諸内閣」というくだりがあるが、これは、英語の原文では、“various Governments of which he was a member”であった（*Documents*, p. 63）。つまり、「閣僚」や「内閣」に当たる言葉は原文に含まれない。よって、正確には「構成員たる政府諸機関」であった。

ここまでたどった責任論の特色は、二点にまとめられる。第一に、検察側はハーグ条約やジュネーヴ条約に依拠して、「政府」を責任の主体とみなした。その「政府」とは、官庁機関や陸海軍機関から成った。第二に、検察側は、上官—部下の関係が、「政府」と犯罪実行者のあいだにあることを前提としなかった。そのため、検察側が適用しようとした責任論は「指揮官責任論」とは別物であった。これらの特色を持つ国際検察局の責任論を、本書では以後「政府責任論」と呼ぶ。

最終弁論における検察側の「政府責任論」

検察側は最終弁論の際に、政府構成員に適用される責任論を解説している。その要旨をたどる。

検察側はまず、「我々の主張に依れば〔、〕此等戦争法規違反の防止に関し第一に責任を負うべきものは〔、〕政府全体であることは明白なのであります」と述べた。つまり、「政府」が責任の主体であるとの検察側の主張について、裁判所の注意をあらためて喚起した（『速記録』第九巻、五頁）。ただし、つづく説明では、「政府」の枠が起訴状に示されたものより狭められた。具体的には、「政府」とは、「内閣の構成員すべて及びかれらの顧問、並びにこれらの事柄に直接関係する指揮系統内の高級将校」とのことである（前掲、ただし和訳の速記録に誤りがあるので、ここでは筆者による和訳を提供、*Transcripts*, p.40111）。つまりこれは、内閣を筆頭とする政府像であった。

検察側が裁判の最終段階で、「内閣の構成員」を浮上させたのはなぜだろうか。理由は二つ考えられる。

第一に、被告人の多くは戦時中、閣僚あるいは閣僚に直属する顧問の地位などを占めたため、最終弁論では、閣僚の義務責任を重点的にとりあつかったと考えられる。第二に、本書の第三章でみてきたとおり、概して検察側には、裕仁天皇を責任論の外に置きたいという心理が働いていた。そこで、最終弁論で政府責任論をとりあげたとき、内閣・内大臣・軍首脳・枢密院といった天皇に従属する機関が責任の主体を成すとの論を進め、閣僚の責任を集中的にとりあつかったと考えられる。ここでは、検察側による「閣僚責任」の要点をたどってみよう。

検察側によると、戦争法規慣例の遵守を確保するという「政府」の義務とは、通常は、それを実現するためのシステムを設置することで履行された。しかし、そうしたシステムを設置したにもかかわらず、諸規則の遵守が無視されている恐れがある、あるいは実際無視されているという情報を得た場合、政府構成員には、「より一層高度の義務」が課せられるという（『速記録』第九巻、五頁）。

この「一層高度な義務」について、検察側は閣僚の場合をとりあげて解説した。それによると、閣僚は「此等の犯罪の遂行を知る時は〔、〕直ちにその事実に閣内同僚の注意を向けしめ、それ等犯罪の遂行を阻止するに有効な措置が採られなければ〔、〕辞職することが明らかに彼の義務であります」とのことだ（前掲）。つまり、（1）犯罪の情報を受けたならば、それを閣議に持ち込み、（2）犯罪をやめさせる措置を内閣がとらない場合は辞職する、という二種の行動が閣僚に求められるとの主張である。

閣僚に適用される責任の基準について、検察側はその論拠を明示していない。しかし、検察側が書証として提出していた「内閣官制」では、国務大臣は、それぞれの管轄省庁に関する職務だけでなく、国務に関わる幅広い問題を閣議でとりあつかう義務を有する、と位置づけられていた（第三章第1節参照）。また、閣議決定は全会一致を慣例とし、内閣を支持しない場合は、辞職により内閣に瓦解をもたらすことができる、との証言等も法廷で確保されていた（第三章第2節参照）。こうした証拠に照らして、最終弁論で提示したような閣僚責任に行き着くことは、理論的には可能だった。

2　検察側の立証

では、閣僚責任を含め各種の責任論が、法廷にてどう適用されたのかをたどってみる。本節では、戦争犯罪に関する検察側の立証内容を概説し、次の節では弁護側反証を追う。

中国――南京事件

中国に関する検察側の立証戦略は、「南京事件」を中心として、犯罪の証拠と連鎖証拠を提出することだった。南京事件とは、日中戦争が勃発してから約五カ月後の一九三七年一二月一三日に、中国の首都であった南京を攻略したのち、日本軍将兵が同地において、大量虐殺、強姦、略奪、財産の破壊等の残虐行為を、数週間にわたり敢行した事件を指す。

検察側はまず、残虐事件の被害者や目撃者など合計一二名を出廷させた。そのなかには、南京市内に「南京安全区国際委員会」を設置した諸外国民も含まれた。検察側の書証は、合計二七点であった。それらは、残虐行為に関する宣誓口供書や宣言書、南京安全区国際委員会が編纂し出版した南京事件の記録書からの抜粋、埋葬された死体の統計、南京地裁の検事がまとめた南京事件に関する捜査報告、日本外務省関係の電報や通信、東京裁判開始前に戦犯容疑者等に対して連合軍捜査官が実施した尋問調書からの抜粋、といった、多様な文書を含んだ（南京事件に関する検察側の証拠は、『速記録』第一巻、三八〇〜四一三頁、五二六〜八頁、五三九〜四四頁、五四八〜九頁、七三七〜六四頁）。

検察側は、これらの証拠を利用することにより、南京事件について二点の事実関係をあきらかにした。第一点目は、殺人・虐殺・拷問・陵辱・財産の掠奪・不法破壊といった犯罪を、中支那方面軍に属する将兵が、大規模かつ反復的に遂行したことである。第二点目は、日本の政府や軍指導者が早い時期から、自国軍将兵が南京で残虐行為を遂行しているとの情報を受けていたことだった。

これらの事実を根拠にすれば、事件当時に権限ある地位を占めた者に対して、不作為責任を問うことが可能であった。被告グループのうち検察側が重視したのは、松井石根《いわね》陸軍大将（中支那方面軍司令官）、武藤章陸軍中将（中支那方面軍参謀副長、当時は大佐）、広田弘毅（外務大臣）であった。

検察側は、松井に対する連鎖証拠として、開廷前に連合軍捜査官が実施した尋問の記録を使った。そこには、南京陥落後の一二月一七日に入城したときから、日本軍将兵による残虐行為の情報を受けた、という松井自身の証言が含まれた。当該部分には、次のような捜査官とのやりとりが記録された。

問　貴下の軍隊が南京に於て幾多の暴虐行為をなしたと欧米が考えているという事を貴下が聴いたとすれば最初に聴いたのは何時ですか
答　自分が南京入城をすると殆ど同時です
問　貴下が夫《それ》に就て聴いたのですか
答　左様です
問　如何なる筋から夫を聴いたのですか
答　日本人外交官からです
問　其の日本人外交官というのは誰ですか
答　夫は極く下っ端の外交官で、自分はその名前を記憶していませんが、南京駐在領事です
（『速記録』第一巻、五四二頁）

松井はまた、部下将兵の質について、「軍紀は優秀であったと思うが、行動は然らず」と述べ、「軍の中に若干の不埒な分子が居ったと思います」と認めた。同じ尋問中に捜査官から、南京攻略に先立って、「予期せられたる如き南京占領後の兵の行動を特に取締る命令」を出したかどうかを尋ねられると、松井は自分が「常に厳正なる軍紀の維持と悪徳行為者の懲罰を主張」したと述べた。そして、事件発生後は、「充分なる調査と外国官吏、外交官との協力を主張し、之を実行しました」という。ただし、将校一人と兵士三名が軍律会議にかけられた以外の措置は記憶に

ない、とも述べた（前掲書、五四三～四頁）。

武藤に対する開廷前の尋問の記録も、証拠として検察側が提出している。そのなかにも、同じような証言がみられた。その記録からの抜粋によると、南京陥落後に戦果を祝うため、松井大将が武藤を伴い南京へ到着するやいなや、方面軍参謀長の塚田攻《おさむ》少将から、日本軍将兵による「殴打及強姦事件」の情報を受けたという。そうした情報を受けた松井は、「狂気となり部下を怒鳴りつけた」とのことだ。さらに武藤が説明するところによると、「南京占領の原命令には〔、〕唯選抜した模範部隊のみ市街に入城すべきことが示され」、「残余の部隊は郊外に留まること」になっていた。しかし、実際は原命令に反して、「全部隊が市街に入城」してしまったという。日本軍部隊の入城を規制しようとした理由は、「若し余り多数の軍隊を南京に留ることを許したならば、是等の軍隊が上海に於て艱難辛苦《かんなんしんく》を嘗めた事に鑑み、紛擾《ふんじょう》が起ると感ぜられたのです」とのことであった（『速記録』第一巻、五五六頁）。

これらの証言は、日本軍将兵による残虐行為について、松井も武藤も早い段階で情報を受けたことをあきらかにしている。また、このような事態を遺憾としながらも、残虐行為をやめさせる適切な処置をとれなかったことを示す。このような事実関係は、不作為責任論に求められる犯罪の認識と、義務不履行の要件を満たし得るものであった。

不作為責任に関する証言は、検察側の立証段階にて広田に対しても得られた。その一つは、外務省の一高官であった伊藤述史《のぶふみ》が提供している。この証人は事件当時、上海無任所公使の任にあり、そのときに「外交団並に新聞の人から南京に於て日本軍が色々の残虐行為をしたと云う報告」を受けたという。そして、そうした報告は、外務省宛で本国政府に伝達したとのことだった（前掲書、五四八〜九頁）。

南京安全区国際委員会の設立メンバーだった、マイナー・S・ベイツという人物も、同様の証言を提供した。ベイツによると、事件当時、日本軍将兵による残虐行為の苦情を申し入れるため、日本大使館を何度も訪問し、「毎日大使館に前日に関する報告を持って行った」（前掲書、四〇一頁）。報告の最終的な受け手については、ベイツは、次のように証言した。

私は日本駐在大使〔ジョセフ・〕グルー氏より、南京駐在米国大使に送られた電報を幾つか見ました、そうして此の電報で南京から送られた報告に付てグルー氏及び外務省の官吏の間になされた会談に付て相当詳細に亙って言及して居ったのであります、此の外務省の官吏の中には広田氏が含まれて居ります〔。〕（前掲書、四〇六頁）

この証言は、南京における日本軍将兵の残虐行為について、広田外相が同時期に数々の情報や抗議を受けていたことを示し、重要である。

広田の責任に関する文書証拠では、事件当時に米大使グルーが発した電報が注目される。その電報によると、日本軍部隊による在南京アメリカ人財産への不法侵入について、グルーは米大使館の参事官ユージン・ドゥーマンを外務省に行かせ、措置を迫った。アメリカ大使館から通牒を受けた広田外相は、それを「閣議に付し」、「戦場にある軍隊が東京よりの命令を遵守する様徹底的なる方法を取ることに考慮中なり」と答えたという。そして、同電報によると、「多分明日採らるべき方法に付〔、〕当方に通知するを得可し」とのことであった（前掲書、七五四頁）。これは、広田の行動が「閣僚責任」の論理により律せられたことを示唆するものである。では、広田は残虐行為に関する情報も閣議に付して、内閣レベルでの措置を迫ったのだろうか。このような問いは、閣僚責任を適用した場合に不可避であり、広田被告にとっては重大問題であった。

中国――南京事件以後

南京事件に関する立証のあと、検察側は、中国の他地域で起こった戦争犯罪の立証に当たった。この段階では、残虐行為の目撃者や被害者から得た文書記録を提出し、その数は三九件であった。しかし、それらは、犯罪の起こった日にち・場所・犯罪の種類・被害者に関する基本情報のみを、決まった形式でごく簡潔に記したものだった。

ウェブ裁判長は、この種の書証を不適切とみたようである。というのは、検察側が南京以外の中国に関する証拠を提出しはじめるとすぐさま、「是は殆ど証拠とは申せませぬ、それは何等詳細の細かい点に触れて居りませぬ、何処の法廷でも斯う云うものを証拠として取扱う訳には参りませぬ」と批判しているからだ（前掲書、七六五頁）。

ウェブ裁判長は、つづけて次のようにコメントした。

今検察団側で提出して居る此の口供書は、ロンドンに於ける連合国戦争犯罪委員会に於て使われたものでありまして、其の時には是は一見明かなる犯罪を示すものとして使われたものであり、之を只今検察側で出して居るように見受けます、而して是は最小限度の事実と云うものを含んで居るのであります、非常に局限された目的の為に、丁度必要なだけを含んで居るのでございます〔。〕（前掲、ここに引用した和訳は法廷通訳モニターによる訳し直し）

つまり、これらの文書は、犯罪捜査の初段階の情報としては適切だが、法廷にて検察側が挙証責任をまっとうするためには不適切、との指摘である。

検察側は、これらの書証のほかに若干の証人も出廷させ、犯罪の証言を得た。しかし、かれらは選択的にいくつかの事件に触れるのみで、ここでも不足が目立った（『速記録』第一巻、五二八～三二頁、五八二～六一七頁、七六五～八頁）。とはいえ検察側による証拠から、南京事件以降も中国各地で日本軍部隊が残虐行為を遂行した様子を、かいまみることはできた。また、捕えた中国人兵士を捕虜に認めない方針だったとの証言が、武藤章の尋問調書に含まれ、検察側は、当該部分の抜粋を証拠として提出した。

武藤は、一九三九年から一九四二年まで陸軍省軍務局長の地位を占めた。尋問調書によると、一九四一年一二月二七日に俘虜情報局が設置されるまでは、軍務局長には捕虜とりあつかいに関する政策を形成する任務があったという。ただし、日中戦争当時は、「捕らえた中国人を俘虜と言明するかどうかはかなりの問題」であり、結局は、「中国における紛争は公式には「事変」として知られるので、捕えた中国人を俘虜と認めないとの決定が一九三八年になされました」とのことだ（『速記録』第一巻、五四〇頁、ただし速記録では英文の尋問調書と和訳が一致していないとの指摘があるため、ここでは筆者の和訳を提供、*Transcripts*, pp.3436-7）。

太平洋地域

次に、太平洋地域に関する検察側の立証努力をたどる。ここでいう「太平洋地域」とは、東南アジアとインド洋を包含する。そのほかには、英米等の外国籍の市民や捕虜が太平洋戦争勃発後に、中国にて日本軍当局により収容されており、そうした人物に対する戦争犯罪の立証も含まれた。

この立証段階は、南京事件以外の中国段階とは対照をなし、証拠の種類・質・数というあらゆる点で、それを圧倒するものだった。書証としては、「犯罪の証拠」に当たる文書合計六七五点が提出された。その種類は、次のように大別される。

①戦争犯罪の犠牲者・目撃者・加害者による証言を記録した宣誓口供書や陳述書
②軍命令や戦況報告など、日本軍部隊の作成した軍事文書や兵士個々人の日誌で、連合軍が押収したもの
③連合国当局および日本政府が、戦後に実施した戦争犯罪捜査の報告書
④当時実施されていた連合国各国の戦犯捜査や、戦犯裁判の記録、とくに米陸軍マニラ法廷での山下裁判と本間裁判（一九四五～六年）、米海軍によりケゼリンとグアムで実施された裁判

（一九四五〜九年）、そして英軍によりシンガポールで実施された裁判（一九四六〜八年）の記録からの抜粋

これらは、日本軍将兵が広域にわたり戦争犯罪を頻繁に実行した、という検察側の主張を支持する内容であった。

文書証拠のほかに検察側は、証人二一五名を出廷させた。そのほとんどは、かつて日本軍の捕虜だった連合軍将兵であった。かれらは、捕虜や抑留民あるいは占領地の一般市民が、日本軍官憲により虐待されたさまざまな犯罪の事実について、くわしく証言した。具体的な事件は、「バターン死の行進」や、「サンダカン死の行進」で知られる捕虜虐待事件、泰緬鉄道建設に関係する大規模な捕虜や一般市民の強制労働事件、バンカ島でのオーストラリア軍看護婦に対する虐殺事件、「地獄船」で知られる捕虜輸送での残虐事件などであった。

検察側は、これらの多くの「犯罪の証拠」に加えて、「連鎖証拠」をなす書証一四三点と証人五人も用いた。文書の連鎖証拠は、次のように類別できる。

①陸軍省の発した捕虜収容所全般に関する規則・命令・訓示等
②捕虜労働の使役に関する要求・承認・報告などで、陸軍省が各地の軍部隊や地方政府あるいは企業と交わした若干の文書
③捕虜移送・収容・労働・軍法会議・処罰・健康問題について、陸軍省が捜査し報告書として

まとめた文書

④各国政府と日本政府のあいだで交わされた文書で、日本軍官憲による捕虜虐待に関する問い合わせや抗議等

これらの証拠から浮かび上がる事実関係は、三点にまとめられる。第一に、日本政府当局は戦時中、捕虜労働の不法な使役など戦争法規慣例に違反する行為を、正式な方針として採用していた。第二に、官民が連携してそうした方針を遂行した。第三に、太平洋戦争全般を通じて、捕虜虐待等に関する問い合わせや抗議が各国政府から殺到し、そうした情報は、政府官庁や軍首脳および関連部隊に広く回覧された。

検察側による立証努力の一例——東条英機

では、犯罪の証拠や連鎖証拠を検察側がどう使ったのか、東条英機を事例にみてみよう。東条は、一九二〇年代から三〇年代にかけて、陸軍組織のなかで次第に指導力を発揮した人物である。満洲事変以後は、関東軍憲兵隊司令官（一九三五年就任）、関東軍参謀長（一九三七年就任）、陸軍次官（一九三八年就任）、陸軍大臣（一九四〇年就任）等を歴任し、太平洋戦争中は、陸相と首相を兼任（一九四一～四四年）するなど、アジア太平洋戦争のほぼ全期間をつうじて要職を占めた。戦争犯罪に関する起訴事実は、中国および太平洋地域での捕虜労働の使役や捕虜虐待に集中し、作為と不作為責任の両方を追及するものだった。

作為責任の根拠としては、太平洋戦争が始まってまもなく、東条陸相が捕虜収容所長らに伝えた訓示各種がある。そのひとつは、一九四二年五月三〇日に善通寺師団を視察した際に、同師団長に与えたものだった。その訓示で東条は、「我国現下の情勢は一人として無為徒食するものあるを許さないのであります」、「俘虜も亦此の趣旨に鑑み大に之を活用せらるる様注意を望みます」といった発言をし、捕虜労働を最大限に利用するよう推進した（『速記録』第三巻、八一二頁）。一九四二年六月二五日には、陸軍省にて初代俘虜収容所長に訓示を与えたが、そのときも同様の発言をした。その訓示では、捕虜は「其の労力特技を我が生産拡充に活用する等〔、〕総力を挙げて大東亜戦争遂行に資せんことを努むべし」、と勧告した（前掲）。

さらに作為責任に関する証拠として、陸軍省と各地の軍部隊や地方自治体等のあいだで交わされた、捕虜労働の使役に関する若干の文書がある。そこには、陸軍大臣だった東条だけでなく、陸軍次官であった木村兵太郎（被告人）が、捕虜労働を認可する記録が残っている（『速記録』第三巻、八一八〜二五頁、『速記録』第四巻、二五〜九頁）。

また、敗戦直後に陸軍省がまとめた戦争犯罪調査の一報告書も、検察側の証拠として提出された（『速記録』第二巻、九三〜一〇八頁）。この報告書は、泰緬鉄道の建設に関するものであり、捕虜労働の採用を決定した責任者のひとりとして、東条を明示した。これと関連して、鉄道建設当時に大本営陸軍部参謀だった若松只一中将は、「此の鉄道建設に俘虜を使役すると云う決定は杉山〔元《はじめ》〕参謀総長、東条陸軍大臣、木村陸軍次官によってなされた」、と証言した。ただし同証人によると、「最後にあげた木村は唯其の事務上であって本質的には責任はない」とのことで、陸軍次官の地位にあった木村には責任が帰せられない、との見解を示した（『速記録』第四巻、一四頁）。

不作為責任を追及する根拠としては、捕虜虐待の情報を東条がどう処理したかをめぐって、さまざまな証言や書証を検察側が提出した。それらの証拠から、太平洋戦争が始まってまもなく、東条を首班とする日本政府が、「俘虜情報局」を設置したことがわかる。俘虜情報局とは、捕虜に関する記録を集め保持する任に当たる事務局である。一九〇七年ハーグ条約の第一款第一四条により、設置義務が各交戦国に課されていた。日本政府も、この国際責務に従って俘虜情報局を設置したと理解される。ただし東条の説明によると、俘虜情報局は、太平洋戦争から生じる捕虜の情報のみをとりあつかい、「中国人俘虜を取扱うために設置された機関は何等ありませんでした」とのことである（前掲書、三頁）。つまり、日中戦争で日本軍の手に落ちた中国人将兵については、捕虜情報収集の対象外だったとわかる。

捕虜問題をめぐる責任の所在

捕虜情報を実際どう処理したかについては、東条は、開廷前の尋問で説明を提供した。尋問の記録によると、まず、外務省宛てで諸外国政府から問い合わせや抗議が届くと、それらは俘虜情報局を経て陸軍省に伝達された。そして、陸軍省内での通例会議で議題にされたという。会議の流れとその後の処置について、東条は次のように説明した。

之等の事項は通例陸軍省の局長会議に付議されました。此の会議は、一週二回開催されました。俘虜情報局長又は軍務局長が〔、〕右の事項を提出することになって居ました。右の事項は〔、〕局長会議から実行権を握っている現地司令官に送達されたのです。若し非人道的な待遇があれば〔、〕現地司令官はそれに従って手段を講じたのです。そしてその報告は〔、〕陸軍大臣たる私に回って来る筈だったのです。（前掲書、九頁）

つまり、捕虜に関する抗議等に対処する手続きが、陸軍組織内に成立し機能していたとわかる。開廷前の尋問で東条がさらに説明するところによると、「条約の条項を遵守する責任の問題は各軍司令官の責任」であったという。他方、陸軍大臣たる自分は、「責任ある関係軍司令官にその抗議書を輸送し〔、〕適当な処置がとられたものと思っていました」と説明した。また、「その抗議が適切なものであるかどうか私には解りませんでしたが〔、〕取調べが行われ次いで軍法会議その他の適当なる処置がとられたものと推測」したという。要するに、陸軍大臣の主たる義務は、抗議書を各軍司令官に伝達することであって、具体的な対応は、軍司令官がそれぞれ決定し処理した、との位置づけである（前掲書、六～七頁）。とはいうものの、「勿論私は軍政の監督者でありましたから、私には全責任があるのであります」とも述べた（前掲書、六頁）。

捕虜情報のとりあつかいについては、東条自身のほかに政府や軍関係者の数名が、検察側証人として出廷した。そのなかには、外務省の一高官であった鈴木九萬《ただかつ》が含まれた。鈴木は、外務省内に設置された「在敵国居留民関係事務室」の部長に、一九四二年一二月に任命された人物である。以後、諸外国政府からの捕虜に関する抗議等を処理する作業に当たった。この証人によると、外務省から捕虜情報を受けたのは陸軍省に限られず、複数の政府機関であったとのことで、陸相以外の政府高官にも不作為責任がおよぶことを示唆した。ここで要点をたどる。

鈴木はまず、外務省と陸軍省とのあいだに情報伝達のパイプが存在したことを認めた。具体的な手続きについては、次のように証言した。

その抗議書は仏語か英語で受領され、日本語に翻訳されました。抗議書の写一通は日本語の翻訳を付けてその重要性、亦更にその抗議書の内容に応じて時に陸軍大臣、陸軍次官、陸軍省軍務局長又は戦時俘虜情報局宛〔に〕送られました。尚且つ私達は写数通に翻訳を付けて〔、〕陸軍省の他の関係部局（陸軍次官、陸軍省軍務局長、俘虜情報局長官）へ給与しました。それ等抗議書と共に其の翻訳を発送するに当り〔、〕私達はそれ自体簡単な註釈を為して居る処の説明書を付し〔、〕或は私達自身の其の評註、推薦等を記して説明書を添付したのである。（『速記録』第三巻、五二七頁）

また、鈴木がつづけて説明するところによると、「事務を早く進めるためには、やはりあまり上の方でなく、局部長のところに送って欲しいという陸軍省の希望がありましたので、だいたいの場合には、非常な重要性のある場合を除いては、俘虜の情報局長官、もしくは軍務局長に宛てるという建前をとっておりました」とのことだ（前掲書、五二九頁）。この証言は、陸軍大臣や次官のほか、軍務局長も捕虜情報を処理する義務を共有したことを示す。とすると、歴代の軍務局長にも不作為責任を問う根拠となり、その地位を占めた武藤章と佐藤賢了（任期はそれぞれ一九三九〜四二年と一九四二〜四四年）にとって、この証言は重大であった。

さらに鈴木は、通知一例の処理について、「同文の公信が、同時に独立に俘虜情報局長官及び軍務局長に送られまして、その写しが海軍省の軍務局長に送られた」と述べた（『速記録』第四巻、一六八頁）。つまり、諸外国からの抗議等の内容次第では、それが海軍省に及ぶこともあったとわかる。同様にして、検察側の提出した一文書には、通知の受け手として陸軍省のほかに海軍省、内務省、拓務省、司法省、大東亜省の大臣や次官が示された（前掲書、一六五〜六六頁）。このことから、捕虜管理に関わる部署としては、複数の省庁が捕虜情報の流通システムに含まれていた、と理解される。

米国政府からの抗議文の一事例についても、鈴木は同じような証言をした。その事例では、「ずいぶん抗議が非常に厖大なもの」だったため、「その調査は各方面でやる」べきと判断されたという。なお、通知を受けた諸官庁は調査結果をまとめ、「その関係官庁局から出て来ます調査の結果を統合するのは、結局外務省がそれらを集めるので、そういう趣旨でそれの統合調整について、後でまた協議をするというような趣旨であります」ということだった（前掲書、一六七頁）。

3　弁護側の中国に関する反証

戦争犯罪一般に関する弁護側の反証は、日中戦争関係と太平洋戦争関係の二部から成った。そして、各被告人に関する犯罪事件の反証は、個人段階で実施された。本節と次節では、日中戦争と太平洋戦争における戦争犯罪の反証をたどるが、関連する各被告人の反証もあわせて分析する。

南京事件

中国に関する弁護側の反証は、はじめに南京事件、つづけて南京後の犯罪事件をとりあつかうという手順で、検察側立証と同じく二部構成であった。

南京事件一般については、弁護側が提出した書証は一点のみで、それは松井被告の履歴だった。証人には三名が出廷した。それは、中山寧人少将（中支那方面軍参謀、当時は少佐）、日高信六郎（在上海領事館参事官）、塚本浩次（中支那方面軍指揮下の第一〇軍法務部長、のちに同方面軍指揮下の上海派遣軍法務官および同検察官）である。つまり、事件当時に、中支那方面軍あるいは出先の外務機関で要職を占めた人物であった。

これらのほかには、弁護側反証の個人段階のときに、追加の証人や書証が提出された。松井の個人段階の場合、新たな証人が七名と書証九点であった（『速記録』第七巻、四一八～四二三頁）。広田の個人段階でも、外務省の一高官が南京事件について証言した（後述）。

中山、日高、塚本の三名は、松井軍司令官が有していた権限や犯罪の認識、そして事件全般の事実関係について証言した。要旨は、次の六点にまとめられる。

①松井は南京侵攻前、軍律と秩序ある行動を維持するよう命令を発した

②南京陥落の数日後（一九三七年一二月一七日）に松井が南京へ入城した際、中支那方面軍の兵士が「掠奪、強姦、その他各種の犯罪」を遂行したとの情報を、現地の部下や外務関係から受けた（『速記録』第五巻、二八九頁）

③松井は、過剰な軍部隊を南京から撤去させ軍紀・風紀の維持を厳守するよう、あらためて命令を発した

④約五日後に上海へ戻ったが、その後も南京で日本軍の兵士が残虐行為を遂行している話を耳にした

⑤出先の外務機関は、日本軍による残虐事件について、同時期的に外務省へさまざまな報告を提出した

⑥一九三七年一二月から一九三八年一月までのあいだ、中支那方面軍の指揮下にあった上海派遣軍法務部の実施した軍律裁判は、「十件内外」だった（前掲書、二八八頁）

こうした証言は、検察側が立証した事実関係を追認するものであった。ただし、中山証人の場

合、方面軍司令官の権限には軍律事項が含まれなかったとも証言し、よって南京事件の責任が松井に帰せられない、との立場をとった。松井自身も法廷で同様の証言をしている。ここで、その内容をたどってみよう。

中山証人によると、中支那方面軍司令部が設置された理由は、すでに中国戦線に送られていた上海派遣軍と第一〇軍を「統一指揮する為」であり、「一時的で且作戦地域も狭い関係から中支那方面軍司令部は完備する必要なしとしたのであります」という。そうした経緯から、中支那方面軍の指揮下に置かれた二軍の司令部には、「夫々参謀部副官部の外に（、）兵器部総理部軍医部法務部等の各機関が完備」されていた。しかし、中支那方面軍司令部については、軍紀・風紀の問題をあつかう法務部が設置されなかった、とのことである（前掲書、三三八頁）。

法廷での松井の証言は、中山のそれとほぼ同じだった。松井によると、「中支那方面軍司令部の任務は、上海派遣軍司令部と、第十軍司令部との上にあって、両軍の指揮統一を計るにありたる」という。そして、中支那方面軍の「幕僚は僅かに参謀七名に過ぎざりしを以って、単に両軍司令部に対して作戦を指導するに止まり、直接に軍の全般の経理、衛生等を区処する職権を有せざりき」とのことだ。また、松井は上海派遣軍司令官を兼任したが、一九三七年一二月七日以降は中支那方面軍司令官のみに任じた結果、「予の現地将兵に対する指揮監督関係は全然間接となりたり」という（『速記録』第七巻、六〇八頁）。

法廷で検察側から反対尋問を受けた際も、自分の権限に制約があった旨を強調した。その証言によると、「各軍の内部の軍隊の軍紀、風紀を直接監督する責任はもっておりませんでした」とのことで、指揮下にある軍部隊に対して、軍法会議を実施するよう「命令すべき法規上の権利はありません」と述べた。では、中支那方面軍司令官としてできたことは何かというと、「全般の指揮官として、部下の軍司令官、師団長にそれを希望するよりほかに、権限はありません」という（前掲書、六一六頁）。

南京事件で責任を問われた広田については、日高証人が関連する証言を提供した。この証人は、一九三七年四月から八月まで、大使館参事官として南京日本大使館に勤務していた。同年八月から翌年三月までは、同じ資格で上海に駐在していた。

日高による証言の要旨は、次の五点にまとめられる。

①日高は事件当時、在南京外国人から日本軍の残虐行為に関する多くの報告を受けた
②それらの報告は、外務省に伝達した
③日高自身も現地を訪れる機会が何度かあり、「其の度毎に総領事館の報告を聞き実際の様子を現〔地〕在留外国人の話も聞き外務省に報告」した（『速記録』第五巻、二七一頁）
④日高が翌年一月下旬に一時帰国したときも、「広田外務大臣や外務省の幹部に口頭で報告し指図を受けました」（前掲）
⑤一九三八年二月に本間雅晴少将が参謀本部から派遣され、「同将軍が私に話した処に依れば〔、〕其の用件は外国関係の問題が主であったのですが〔、〕中国人関係のことも其の要件の中にあったと云う」（前掲）

こうした証言は、不作為責任に求められる犯罪認識の要件を、広田について満たし得るものであった。

南京事件一般の反証段階では、広田に関して出廷したのは日高だけだが、個人反証段階のときには、もうひとりの外務省高官、石射猪太郎《いしいいたろう》が出廷している。

石射は、一九三七年五月から一九三八年一一月まで東亜局長の地位を占め、広田に直属する部下だった。石射の証言は、外務省が残虐行為の情報を受けたことを認め、また事件当時に、外務省から陸軍省に対して何度も警告を発し、適切な措置をとるよう要求したことも知らしめるものであった。ただし外務省側の行動の主体は、広田よりもむしろ石射だった様子もうかがわれる。

石射によると、残虐事件に関する最初の書面報告が届くと、石射はすぐ陸軍省軍務局長にその旨を通知した。やがて、「陸海外三省事務当局連絡会議」という三省局長のあいだで定期的に開かれる連絡会議を利用し、「大臣の意を受けて私は次の連絡会議の席上〔、〕陸軍軍務局第一課長に其の報告書を提示し〔、〕重ねて厳重措置方を要望した」という（『速記録』第七巻、八頁）。広田自身はというと、南京総領事代理から「我軍のアトロシテーズ」に関する報告を受けた当時、「外務大臣は此の報告に驚き且心配して私に対し早く何とかせねばならぬと御話があった」という。そして、「私が陸軍省軍務当局に対し申入をしたのと併行し〔、〕広田外相は杉山陸相に対し本件至急厳重措置方を申入れた」とのことを、石射は広田自身から聞いたとのことだ（前掲）。

ただ、検察側による反対尋問の際に石射は、「広田大臣が、陸軍大臣に対して此の問題をテーク・アップしたのは、そうたびたびではないと思います」と述べ、実際の回数としては「一、二回くらい」とも証言した（前掲書、一一頁）。

この答えを受けた検察側は、さらなる尋問で広田の責任問題を追及している。当該部分は少し長いが、「閣僚責任論」を念頭に置いた尋問で重要なので、次に引用する。

コミンズ・カー検察官　広田はこれらの残虐行為を阻止するために、さらに何かの処置をとるかということについて、あなたと協議をしたことがありますか。

石射証人　協議は数回したと思います。

コミンズ・カー検察官　そのときに、広田はどういうことをすることを提案しましたか。

石射証人　陸軍の事務当局に、厳重〔に〕言ってくれということを、たびたび言われました。

コミンズ・カー検察官　しかしそういうことを彼がしても、全然効果がなかったということを、われわれは知っております。あなたは広田に対して、この問題を閣議に持出すことを提案しませんでしたか。

石射証人　この問題を閣議に持出すということは、かつて話したことはありません。何となれば私は閣議というものは、そういう問題をディスカッスするものであろうとは思われませんでしたから……〔……は原文通り〕

コミンズ・カー検察官　どうして内閣は、そういうことを協議しないのでしょうか。

石射証人　出先の軍に関することは、おそらく内閣でもって、閣議として取扱うことは、なかったからではないかと思います。
コミンズ・カー検察官　しかしながら、あなたはあなた自身のありました立場に鑑みて、国際法について、いくばくかの知識を持合わせているということが、必要であったのではありませんか。
石射証人　むろんそうであります。
コミンズ・カー検察官　そうして捕虜の取扱いという問題に関しましては、責任は現地の軍司令官にあったのではなくて、中央政府にあったのであるということを、知っていなかったのでしょうか。
石射証人　どういう御趣旨の質問だかよく了解できませんが、それは……〔……は原文通り〕

（前掲）

このやりとりで検察側は、「この問題を閣議に持出すことを提案しませんでしたか」とか、「そうして捕虜の取扱いという問題に関しましては、責任は現地の軍司令官にあったのではなくて、中央政府にあったのであるということを、知っていなかったのでしょうか」とか石射に問いかけている。これは、本章の第1節でみた検察側の政府責任論、とくに閣僚責任論に依拠した問いかけである。しかし、質問の受け手である石射証人は「どういう御趣旨の質問だかよく了解できませんが、それは……」と答え、検察側が適用する責任論を把握せず、混乱した様子である。

コミンズ＝カー検察官は、国際検察局のブレーンとして活躍し、起訴状起草の責任者でもあった。そうした経緯から、ここでは閣僚責任論をことさらに意識した尋問を心がけた、とみられる。

南京事件以後

南京事件以後の中国に関しては、弁護側の証拠は南京事件のそれより多い。証人は合計一八名で、主に支那派遣軍の将官や将校から成った。書証は合計八点で、宣誓口供書二点、地図一点、写真二点、作戦命令一点、文書他二点である。

この段階の弁護側証人は、だいたい同じ証言を提供した。その要旨は、上官だった畑俊六（被告人）が軍紀・風紀に厳しかった、中国での日本軍将兵は軍律を遵守した、日本軍将兵による残虐事件を見たことも聞いたこともない、といった三点にまとめられる。弁護側は、多数の証人からこうした証言を得れば、畑にとって有利になると期待したのであろう。

しかし、東京裁判所はそう判断しなかった。ウェブ裁判長が判事らを代表して指摘するところによると、弁護側の証言は概して「非常に長過ぎ」で、「非常に反復的」とのことだった（『速記録』第五巻、三〇〇頁）。また、宣誓口供書を介しての証言についても、「内容が実に少くて外郭ばかりのようなもの」と批判した（前掲書、三二六頁）。

とはいうものの、日本軍の軍紀・風紀に関する注目すべき証言が、この段階でいくつか確保されている。一例として、一九三八年一〇月末の漢口攻略の際に、第二軍の参謀部付であった吉橋戒三による証言が挙げられる。吉橋によると、軍当局は当時、軍律問題にやかましかったという。そして、軍律への配慮が体現されている事例として、漢口の陥落直後に起こった次の出来事に言及した。

軍司令官からは〔、〕軍紀風紀に付て実に厳重な命令が出て居りました〔。〕一方軍は積極的に忌わしい犯罪の発生を防ぐ為〔、〕慰安施設に付ては随分心配したのですが〔、〕私は十一月一日揚子江を遡って漢口に着いた日本女の慰安隊を見て驚いた程でありました。斯様にして軍紀風紀の違反者は之を厳罰にする一方〔、〕慰安隊等の設備には充分注意したのであります。（前掲書、二九二頁）

この証言から、日本軍部隊による地元市民に対する性犯罪が横行している、と軍当局が認識し、その問題に対処するため、漢口陥落時には速やかに慰安婦を送り込んだとわかる。

日本軍将兵の軍律については、弁護側は大山文雄《あやお》中将も出廷させた。大山は、かつて陸軍省法務局長の地位を占めた人物である。東京法廷にて大山は、中国で日本軍将兵が遂行した強姦について、軍当局が具体的にどのような対処策を講じたかを証言した。

大山によると、陸軍省法務局は一九四二年二月二〇日付けで、強姦に関する陸軍刑法を改正した。その内容は、「強姦罪を非報告罪として其の刑罰をも加重せしめた」ものだった（前掲書、三〇二頁）。改正に踏み切った経緯としては、「戦地に強姦の罪の相当あるということはわかっており」、また、「そういう強姦罪に対しては、中央といたしましては、厳重に処分すべきことを要求されたのであります」と説明した。なお、強姦事件は、「中国の中でも南京に限らず、他の地においてもたびたび処分をされた例があります」とも証言した。これは、日本軍将兵による性犯罪が中国戦線の広域に渡ったとの認識を、軍当局が当時持っていたことを示す。（前掲書、三〇六頁）。

板垣征四郎（被告人）の個人反証段階では、軍律問題に関する新たな証拠が得られた。この段階では、かつて板垣が陸相だったときに（一九三八－九年）、陸軍次官の地位を占めた山脇正隆大将が出廷した。この証人を反対尋問する際に検察側は、日本軍将兵の軍紀・風紀に関する書証一点を提出した。それは、「支那事変地より帰還する軍隊及軍人の言動指導取締に関する件」（陸支密受第九七九号）と題され、山脇次官が陸軍省の名において発したものである（『速記録』第七巻、三二二頁）。

この文書には、「事変地より帰還の軍隊軍人の状況」と題された、別冊の極秘文書が含まれた。そこには、中国戦線から帰還した日本軍将兵が、中国で遂行したさまざまな残虐行為を口外して憚らず、国民の帝国陸軍に対する信用を傷つける恐れがある、との陸軍当局の危惧が記された。そして、「之が指導取締には特に留意を要す〔。〕又帰還部隊指揮官が指揮掌握は〔、〕一層之を厳正的確ならしむるを要する」と勧告するものであった（この書証はオンライン資料を利用）。

つづけてこの別冊は、取締の対象とすべき言動を例文の形にして列記している。主なものを、次に抜粋する。

軍紀風紀上注意を要する主なる言辞の事例左の如し

……

・戦斗間一番嬉しいものは掠奪で〔、〕上官も第一線では見ても如らぬ振をするから思う存分掠奪するものもあった

……

・○○で親子四人を捕え娘は女郎同様に弄んで居たが〔、〕親が余り娘を返せと言うので親は殺し〔、〕残る娘は部隊出発迄相変らず弄んで出発間際に殺して了った

・或中隊長は「余り問題が起らぬ様に金をやるか又は用を済ました後は分らぬ様に殺して置く様にしろ」と暗に強姦を教えていた

・戦争に参加した軍人を一々調べたら〔、〕皆殺人強盗強姦の犯人許りだろう

……

・戦地では強姦位は何とも思わぬ〔。〕現行犯を憲兵に発見せられ発砲して抵抗した奴もある

・約半歳に亘る戦斗中に覚えたのは強姦と強盗位のものだ

……

・日本軍は多くの支那人間諜を使役し〔、〕必要がなくなれば全部殺して居る

・部隊では将校三円、下士官二円、兵一円淫買通用券を発行し将兵を遊ばして居る

……

・戦地に於ける我軍の掠奪は想像以上にして〔、〕占領地に対する宣撫は僅か一部分しか行われあらず

・支那軍の捕虜は一列に整列せしめ〔一〕機関銃の性能試験のため全部射殺しあり（前掲）

帰還兵の言動規制を要請するこの文書は、一九三九年二月に日本、朝鮮半島、満洲、台湾にある日本軍部隊宛てで配布された。これは、南京での大残虐事件が起きて以来、二年以上経っても軍紀・風紀が改善していないことと、陸軍省がその問題を認識していたことを知らせるものである。そして、その当時に陸軍大臣だった板垣に対して、作為ないし不作為責任を問える根拠であった。

4　弁護側の太平洋地域に関する反証

太平洋地域に関する段階では、軍関係の被告人と軍に属さない政府関係者の両方について、反証努力がみられた。そして、個人のための反証段階では、各被告人のため追加の証人や書証が提出された。本節では、これらの段階で提出された主な証拠をたどるが、法廷で弁護側が争った点を明確にするため、⑴陸軍関係、⑵海軍関係、⑶文官関係の三つに分けて概説する。

陸軍関係者による証言

陸軍全般に関する反証では、三五名の証人が出廷した。書証は全部で五〇点である。かつて検察側は立証段階で、「犯罪の証拠」を使い、太平洋各地で起こった戦争犯罪を記録してきたが、弁護側はその反証で、犯罪の事実は基本的に争わなかった。また、各地の捕虜虐待等を政府や軍首脳は知っていた、とも認める内容であった。

しかし、日本軍部隊が政策的に残虐行為を遂行した、という検察側の主張については、弁護側はそれを争った。弁護側の主張はむしろ、戦時中の陸軍当局は、捕虜が公平かつ合法的にあつかわれるよう真摯な努力をした、というものであった。そうした主張を支持する証言は、捕虜業務機構内に要職を占めた人物から得られ、主要な者には鈴木薫二大佐（東京俘虜収容所長、一九四二～四年）、山崎茂大佐（陸軍省俘虜管理部高級部員、一九四二年）、小田島董《ただし》大佐（俘虜情報局高級事務官兼陸軍省俘虜管理部高級部員、一九四三～七年）が挙げられる（『速記録』第六巻、四一五～二一頁、五〇三～一四頁）。

弁護側の文書証拠の内容も、そのような主張を支持するものであった。主な書証には、「俘虜管理改善に関する件」（陸密亜第六九六号、一九四四年三月三日付）（前掲書、四二二頁）や、陸軍軍医学校による調査書（一九四三年二月二三日付）（前掲書、五〇四頁）が挙げられる。これらの文書には、陸軍省高官が捕虜の健康状態を調査し、捕虜管理が劣悪であることを知ったうえで、捕虜とりあつかいを改善するよう、何度も指示を発していたことが記録された。

また、弁護側の書証には、日本政府が敗戦直後に準備した調査報告書も含まれた（前掲書、五一五～六頁）。この文書でも、捕虜虐待があったことは認め、ただし釈明として、日本軍将兵が意図的に捕虜を虐待しようとした例は稀である、との立場をとった。そして、連合軍捕虜との意思疎通の難しさや、捕虜収容所側の不注意や努力不足が原因であった、と説明した。

そのほかに弁護側は、捕虜や抑留民が日本軍部隊から良い待遇を受けたケースもあった、とも主張した。証拠としては、捕虜や抑留民自身、あるいは赤十字代表者から確保された宣誓口供書、感謝状、報告書などを提出した。しかし、この種の文書を裁判所は歓迎せず、ウェブ裁判長は弁護側に、次のような警告を発した。


一体あなたは、数人の一個人の経験談みたいなものを朗読して、検事側によって非常に厖大なる訴追に対応せんとしているのでありますか。われわれはよく知っております。日本の民間人の中においても、陸海空軍の中においても、何千何万という非常に親切な日本人がいることは、よく承知しております。しかしそういうふうなことを読んだからといって、本係争点に対応するということはできません。少くとも検事によって被告が、訴追されている事項に対して直接ぶつかりなさい。そうして全然訴追事項にない事項について、非常にたくさん親切ないいことをなされたということを言われないで、実際の訴追事項に対して対応しなければなりません。(前掲書、四五五頁)

つまり、弁護側に求められるのは、検察側の立証内容に対して反証することであって、ただ漠然と日本軍部隊に善良な人間がいたと反論することではない、との勧告であった。

他方、陸軍将官だった被告人の不作為責任問題について、弁護側は注目される反駁を展開した。

反駁内容は、㋑犯罪発生前後の戦線の状況と、㋺戦時中に被告人が占めた地位に存する権限の実情、という二点に集中した。ここで、それぞれの論をたどる。

㋑戦線における状況

本書の第一章で概観したとおり、日本は太平洋地域の緒戦で大戦果をおさめたものの、一九四二年半ば以降は防衛戦争に転じた。一九四三年九月には、御前会議にて「絶対国防圏」なるコンセプトが採用されたが、この頃すでに、絶対国防圏に指定された地区にも、十分な補給を確保できていなかった。

東京法廷の弁護側は、こうした日本側の苦境とくに補給の状況を、重点的にとりあげた。そして、仮に各地の軍司令官が捕虜管理義務を持っていたとしても、戦局と補給状況の悪化のため義務を果たす実質的な力がなかった、と主張した。

この弁護路線との関係で多くの証人が出廷した。なかでも注目されるのは、渡辺安次元海軍大佐による証言である。渡辺は、一九四三年六月から一九四五年四月まで海軍省軍務局、一九四五年五月から終戦まで海軍総監部に勤務し、商船運輸にたずさわった人物だ。この証人によると、連合軍による空と海からの執拗な攻撃のため、日本側は海上運送で多大な損害をこうむり、各地の物資供給に大きな影響を及ぼしたとのことだった（前掲書、五〇一～二頁）。

ウェブ裁判長は、この証人を重視したようである。というのは、渡辺の証言中に捕虜問題に触れ、「海外部隊に対する補給量の減少したパーセンテージというものは、日本の海外における各部隊に対する補給の減ったということに関連しまして、〔マラヤやその他の地域の〕捕虜の取扱い上重要性があるかもしれません」とコメントしたからだ（前掲書、五〇二頁）。つづけてウェブ裁判長は、海上輸送の状況について、渡辺からさらなる説明を求めた。裁判長の問いかけに対して、渡辺は次のように答えた。

一九四五年には、満州《ママ》、朝鮮、琉球、台湾以外のどこにも輸送することができなかったのでありまして、その輸送量は、現地軍が要求した三八％しか送れませんでした。
一九四四年には全体の地域に送りましたが、要求量の五六％しか送れませんでした。特に仏印、スマトラ、ジャバ、ボルネオに対しては、三五％にしか達しておりません。ビルマは四一％でありました。フィリッピンは四七％でありました。これがレヴェル以下の悪い輸送の場所であります。（前掲）

ここでの発言は、海上輸送による補給が激減した様子を、具体的なデータで伝えるものである。こうした証言を根拠に、各地の日本軍部隊が管理下の捕虜に十分な食料等を与えられなかった、と抗弁することは可能であり、被告グループのなかでは、第七方面軍の歴代司令官であった土肥原賢二と板垣征四郎にとって、有用となり得た。第七方面軍は、戦争末期に編成されてシンガポールに軍司令部を置いた。当地で捕虜虐待等が継続したことは、検察側の提出した犯罪の証拠から浮き彫りになっていた。

㋺戦時下における個々人の法的権限

弁護側が争ったもう一点は、陸軍関係の被告人が捕虜の管理義務を有していた、という検察側の大前提であった。弁護側によると、方面軍司令官や近衛師団長、あるいは軍司令部の参謀長といった地位には、そうした義務がそもそも課されていなかった。よって、検察側の主張する不作為責任は成立しないという。

この主張は、被告グループのなかでは、第七方面軍の歴代司令官だった土肥原と板垣、一九四四年八月から終戦までビルマ方面軍司令官の任についた木村兵太郎、そして、太平洋戦争の開戦後にスマトラにて近衛師団（一九四三年以降は近衛第二師団に改編）の司令官の地位を占め、のちにフィリピンにて第十四方面軍参謀長に転じた武藤章のために、なされた。このような論は、各被告人の責任問題を解明するうえで要となる部分なので、主な証言や書証をたどってみる。

まず方面軍司令官については、弁護側によると、その地位を占める者は、捕虜や抑留民の適切な処遇を確保する法的義務を持たなかった。よって、捕虜等に対する虐待事件が起こっても、方面軍司令官に責任を帰するのは見当ちがいという。しかし、弁護側証人の証言のあいだには、次にみるとおり相互の矛盾が目立った。

弁護側証人のひとり池尻敏《さとし》は、かつてビルマ方面軍の副官だった。この人物によると、ラングーン捕虜収容所は「木村大将の直接の指揮下ではありません」ということで、戦争末期にビルマ方面軍司令官だった木村には、捕虜虐待等の責任は問えない、という立場をとった（前掲書、四六四頁）。ところが、同収容所長だった田住元三《げんぞう》大尉は、収容所長はむしろ方面軍司令官の指揮下にあった、という証言を提供した（前掲書、四六七頁）。しかし、かつてビルマ方面軍と第七方面軍の参謀の地位を占めた不破博大佐は、田住とは逆の証言を提供した。不破によると、「俘虜の管理取扱に関する一切の責任は南方総軍司令官の直轄」であり、「俘虜収容所の警備は夫々の軍若くは守備隊の司令官の直接責任」であったという。「従って方面軍司令官には一切責任権限は無かったのであります」、と言明した（前掲書、六四三頁）。

第七方面軍については、同方面軍第一課の参謀だった櫨山《はぜやま》徹夫が、弁護側証人として出廷した。櫨山の説明によると、「少しこまかいことについては方面軍できめまして、大綱について総軍司令官の指示に従ったわけであります」とのことだ。つまり、方面軍司令部には、捕虜管理の具体策を決めて実施する権限ないし義務があった、と理解される（『速記録』第七巻、四四頁）。また、同証人によると、第七方面軍司令官だった板垣は、「日にちははっきり覚えていませんが、俘虜収容所を視察しまして、その結果俘虜の給与の状況等を詳細に承知して……増額をするようにされました」（前掲書、四五頁）。これは、方面軍司令官だった板垣が、実際に捕虜管理の権限を有し、また行使したと示す内容であり、被告人にとってむしろ不利だった。

櫨山と同様の証言は、斎藤正鋭《せいえい》少将からも得られた。この証人は、一九四四年三月から一九四五年八月までシンガポールにて、馬来《マライ》俘虜収容所長と馬来軍拘留所（一般市民の収容所）長を兼任した人物である。斎藤によると、「馬来俘虜収容所及軍抑留所の直接指揮官は第七方面軍司令官でしたが〔、〕俘虜の全般的管理は南方総軍司令官（寺内元帥）より発せられ〔、〕第七方面軍を通じて受けとりました」とのことだ。（前掲書、四七頁）。これは、捕虜管理業務の指揮系統に方面軍が含まれた、と認める証言である。

さらに、かつて第七方面軍の参謀長だった綾部橘樹《きつじゅ》中将から、板垣の言動に関する陳述書が得られており、弁護側がそれも証拠として提出した。その書証によると、「板垣大将は極めて正義の人にして又人道を重んずる人」であり、「俘虜に対しては成し得る限り取扱を良くすることに努め〔、〕確に改善せられたる点ありたり」とのことである（前掲書、四六頁）。これは、櫨山の証言と同じように、方面軍司令官が捕虜管理の権限を有したことを裏書きし、当地での捕虜状況が劣悪でありつづけた以上、板垣にとっては不利な証言であった。

近衛師団長に関する弁護側の証拠については、方面軍司令官の場合と違い矛盾がなく、ほぼ一貫した内容だった。かつて近衛師団長だった武藤自身の証言によると、師団長の任務とは、第二五軍司令官の命令下で「北部スマトラの警備に任ずること」であり、「軍政は軍司令官の直轄機関がスマトラの各州に配置され、これが担当」したという。つまり、警備と軍政の任務は、近衛師団と第二五軍直轄機関とのあいだで分かれたとのことである。さらに武藤は、「私は俘虜を労役に使ったことはありません」と証言した（前掲書、四九八頁）。つまり、近衛師団は、捕虜管理だけでなく、捕虜労働にも関係しなかったとの立場である。

かつて近衛師団参謀だった大平秀雄少将からも、同じような証言が得られた。大平によると、武藤が師団長として着任する以前から、「スマトラの俘虜収容所の管理は南方総軍の下にある馬来俘虜収容所（シンガポール所在）の支部として行われた」という。その結果、「近衛第二師団長は其の守備区域にある俘虜収容所の管理に対しては、何等関与致しませんでした」とのことだった。また、「民間人抑留所の管理は、軍政機関たる州長官の責任でありました」とも証言し、捕虜・抑留民のとりあつかいは、いずれも武藤の権限外である旨を強調した（前掲書、四八九頁）。

なお武藤は、一九四四年秋に第一四方面軍参謀長に任命され、山下奉文軍司令官とともに、終戦までフィリピン防衛戦に当たった人物である。山下裁判のときは、武藤はマニラに残って弁護側を補佐し、東京法廷においては、在フィリピン日本軍部隊の残虐行為について、山下同様に責任を問われた。東京法廷の弁護側は、参謀長という地位は指揮権を持たず、そのため武藤に責任は帰せられないと主張した。証拠としては、関連する陸軍規定のほか、かつて第一四方面軍参謀だった久米川好春大佐を出廷させた。この証人によると、「参謀長には重要な決定権はありません」、「武藤参謀長は……部隊に命令せられたると云うことは絶対にありませんでした」とのことだった（前掲書、四九一頁）。

海軍関係者による証言

検察側の立証段階では、次の三種の事件のみが海軍に関する戦争犯罪事件であった。

①一九四三年一二月―一九四四年一〇月にインド洋にて、撃沈された連合国商船の生存者を、日本帝国海軍の潜水艦員が洋上で大量殺害した複数の事件

②一九四二年一〇月に中部太平洋のマーシャル諸島内のケゼリン環礁にて、そして一九四三年

一〇月のウェーク島にて、米国人捕虜や一般拘留民が即決処刑された事件

③日本本土に海軍当局が設置した大船俘虜収容所での虐待

これらの事件に対する弁護側の反証は、被告人の犯罪認識を一切否定するという、極めて単純なものであった。海軍関係で出廷した証人は合計七名で、書証は九点である。個人段階の際には、追加の証人と書証が提出された。

弁護側の証人には、富岡定俊海軍少将と山本親雄海軍少将が含まれた。この二人は、太平洋戦争中に、大本営海軍部第一部第一課長を歴代つとめた人物である。かれらの証言によると、軍令部が海軍部隊による戦争犯罪の実行を命令、授権、あるいは認識したことはないとのことであった。また、潜水艦虐殺事件については、むしろ一九四一年一一月と一九四二年三月には、撃沈した敵船の生存者を殺害することを禁じる指令が出されていた、と指摘した（『速記録』第六巻、四二二～六頁、四二八～三二頁）。

海軍関係の弁護側証人としては、高田利種海軍少将と山本善雄海軍少将も出廷した。この二人は、海軍省軍務局第一課長を歴代つとめた人物である。高田によると、海軍省には陸軍省とは別に、捕虜管理にたずさわるシステムがあったという。これは、検察側の立証では知られていなかった新事実をあきらかにしており、注目される（前掲書、四三七～四一頁）。

さらに山本によると、海軍部隊による戦争犯罪に関する問い合わせ等は、海軍側の捕虜関係システムを使って調査を進めるようになっており、潜水艦虐殺事件に関する抗議も、同様にして処

理された。すなわち、「潜水艦の主務者をして関係の者につき調査せしめ〔、〕又作戦に関連した事でもありますので軍令部にも調査を依頼し〔、〕慎重に事実を調査しました」とのことである。その結果、「抗議に該当する日本潜水艦はないと云う結論に達しましたので〔、〕其旨外務省に回答を致しました」という（前掲書、四四一頁）。

なお検察側は、裁判終盤の反駁段階のときに、潜水艦虐殺事件に関する新たな証人として、中原次郎を出廷させている。中原は、山口県籍の日本人を両親にもつハワイ生まれの二世であったが、一九三八年に日本へ渡り、太平洋戦争勃発後には、海軍の軍事拠点トラック島の海軍外国放送聴取所で、民間ラジオモニターの仕事に従事した。一九四四年には、潜水艦伊号第八潜水艦のラジオモニターの仕事を命じられ、その勤務期間に、同潜水艦による残虐事件を目撃したとのことだった（『速記録』第八巻、四八七〜九〇頁）。

海軍関係の被告人は、東京裁判では、岡敬純海軍中将と嶋田繁太郎海軍大将の二名に限られた（永野修身は審理中に死去）。岡は、かつて海軍省軍務局長（一九四〇－四四年）だった人物で、嶋田の方は、海軍大臣（一九四一－四年）と軍令部総長（一九四四年）の地位を占めた。弁護側の反証段階では、いずれの被告人も海軍部隊による戦争犯罪の事実を知らなかった、と主張した。ここで、それぞれの主張の要旨をたどってみよう。

岡の場合、まず海軍省に捕虜情報を管理するシステムがあったことは認めた。その証言によると、「海軍省軍務局所管事項の一つは〔、〕法規に従って各部隊が保管せる俘虜の氏名階級を報告することとなり、斯くして余等は俘虜の件に関し外務大臣に情報を提供することを可能とする次第なる」とのことである。しかし、岡自身の関与については、「余の軍務局長在職中〔、〕何等抗議文を聞きしことも見しことも無く、又其の記憶も無し」と述べ、犯罪の事実をまったく知らなかったと主張した（『速記録』第七巻、五四二頁）。

反対尋問の際には、諸外国からの問い合わせ、とくにウェーク島の米国民捕虜に関する情報の要求について、どう処理したかについて質問を受けた。すると岡は、次のように証言しつつ、何も知らないとの立場を保持した。

当時全然知らなかったのでありますが、初めてこの法廷で承知しました。そこでいろいろ自分の記憶も喚び起してみ、できるだけのことをして聞いてみましたが、どうもよくわかりません。これはほんとうの連絡事務でありますから、部下において取扱ったのか、その辺もわかりません。私の記憶はまったくありません。（前掲書、五五八頁）

嶋田の弁明も、岡とほぼ同じであった。嶋田によると、「余は本法廷に於て初めて日本海軍の者に依る俘虜虐待の多くの事例を聞かされ、愕然として驚き且恥辱の感に堪えない」という。（前掲書、七四八頁）。そして、海軍大臣として責任の念を感じるとは述べたものの、それは次の発言にみるとおり、刑事責任を否定するものだった。

余は東京に於て海軍省に在り斯かる事項を全く知らず、又現場に於て各人の行う行為を直接監督する機能を欠いて居ったが、余の占めて居た総督者たる地位に鑑み責任を負わねばならない。尤も右は指揮系統上の責任にあらずして、実に父が其の子の不行跡非行に対し感ずると同様寧ろ道義上のものである。余は海軍大臣として俘虜虐待に関し連合国の抗議のあったことを知らなかった。余は抗議書類が海軍省に送致せられなかったとは言わない。唯此の種のものは確かに余自身の机上に届かなかった。（前掲書、七四八〜九頁）

反対尋問の際に、検察側からさらなる質問があったが、嶋田はそのときも知らなかったという弁明をくりかえした。潜水艦によって撃沈された商船の生存者を虐殺するという作戦があったのではないか、という問いについては、「そんなことがあったということは全然私は知りませんし、信じられません」、と一切否定した（前掲書、七六七頁）。

文官による証言

弁護側による文官のための反証内容は、海軍関係とだいたい同じだった。つまり、犯罪事件を知らなかった、という主張でとおすことであった。なお、ここでいう「文官」とは、陸海軍省以外の官庁にて権限ある地位を占めた軍人も含む。「知らなかった」という主張は、被告グループのなかでは、賀屋興宣《かやおきのり》（大蔵大臣、一九三七〜八年、一九四一〜四年）、小磯国昭陸軍大将（総理大臣、一九四四〜五年）、鈴木貞一陸軍中将（企画院総裁、一九四一〜三年）に適用された。ここで、これらの被告人による抗弁の要点をたどる。

賀屋の場合は、次に引用するとおり、捕虜虐待等を当時まったく知らず、知る余地もなかったという立場をとった。

私は俘虜の取扱方に付〔、〕閣議に於ても其他の方法によっても協議を受け又は報告を受けたることなく〔、〕又俘虜取扱の不法なることに付外国より抗議のあったことに付ても同様知りませんでした〔。〕日本は過去の戦役に於て俘虜を優遇したと云われており〔、〕又今回の戦役に於ても〔、〕俘虜の取扱につき非道のあったことは新聞にもラヂオにも噂にも見聞したことはありません〔。〕不法のことのあることを想像するに足る如何なる事実も知りませんでした。（前掲書、一一三頁）

この証言では、「閣議に於ても其他の方法によっても協議を受け又は報告を受けたることなく」というくだりがみられるが、これは、検察側の適用した閣僚責任論を意識した証言とみられる。いずれにせよ、大蔵大臣だった賀屋は、諸外国からの抗議等の直接の受け手ではなかったため、ぜんぜん知らなかったし、知る余地もなかったという抗弁が可能ではあった。

かつて首相だった小磯も、捕虜問題の報告を受けていなかったと証言した。そのほかの弁明としては、総理大臣としての自分の権限が限られていた、とも強調した。具体的には、「俘虜及抑留者の取扱について〔、〕俘虜及外地抑留者に対する我が国の取扱は統帥関係業務でありまして〔、〕総理大臣は日本旧憲法の規定に依り〔、〕統帥関係業務に関与することが出来ませんでした」

とのことである（前掲書、三六二頁）。

鈴木貞一の場合は、検察側の立証段階にて、連鎖証拠が一点提出されていた。そのため弁護側の反証では、その文書を重点的に争った。

当該文書は、内務省警保局外事課が発した『外事月報』（一九四二年九月分）からの抜粋で、「俘虜使役の状況」と題された報告を含むものであった。その文書によると、一九四二年九月に企画院は、捕虜使役の会議を主催した。具体的には、合計三七〇〇名の捕虜を「内地移入を図り〔、〕労務不足の緩和及特殊重要業務の遂行に資せしむべく」、日本全国で使役するということだった。捕虜労働の配置については、東京をはじめ横浜、大阪、神戸、広畑、門司、戸畑、室蘭を予定し、「国民動員計画産業中鉱業、荷役業及国防土木建築業の所要労務に使役することとし、差当り重要港湾荷役に付実施」との計画であった（『速記録』第三巻、八二二頁）。

法廷で自ら証言した鈴木は、日本国内での労働の需要や供給の問題をとりあつかう権限を、企画院が持っていたとは認めた。しかし、『外事月報』からの抜粋文書については、それは「企画院に何ら関係なく作製され、配布すらうけていない」ものと指摘し、検察側が、そのような文書を根拠に「私が俘虜を軍事目的に使役することに協力したと主張するようですが、それは全くの誤解としか思えません」と批判した。また、「企画院には俘虜管理について何等の権限もなかったので、部下が仮令《たとえ》私に知らせなかったとしても、俘虜問題に関する会議を主催したり、要綱作成に関係するなど〔と〕いうことは、理論上も実際上も想像できません」と言明した（『速記録』第八巻、一一九頁）。

こうして、賀屋・小磯・鈴木の被告人三名は、主に「知らなかった」という抗弁に徹した。

他方、歴代の外務大臣だった東郷茂徳と重光葵は、かつて政府代表者として諸外国からの抗議等を直接受け、またそれらに回答する立場にあった。そのため、多くの連鎖証拠が外交文書に残っており、「知らなかった」という主張は成り立たなかった。

ただし東郷の場合は、外務大臣の任についた期間が比較的短かった（一九四一年一〇月～一九四二年九月、一九四五年四～八月）。それを根拠にして、効果的な措置をとる十分な時間がなかった、という弁明はあり得た。東郷の主たる主張は実際、困難な状況下にありながら、「余の知る限り外務省が連合国より受領した抗議又照会を主務官庁に伝達し〔、〕之より受領した回答を連合国に送ると云う其の任務を懈怠したことはないのである」というものだった（前掲書、一〇六頁）。

それに対して重光は、東条内閣の後半（一九四三年四月～一九四四年七月）と小磯内閣期（一九四四年七月～一九四五年四月）に外務大臣の地位を占め、東郷よりも任期が長く、捕虜問題に関する諸外国との外交文書でも、重光の名前は何度も記されている。そのため、弁護側反証では困難が予想された。そこで弁護側は、検察側証人としてすでに出廷していた鈴木九萬を、今度は弁護側証人として再出廷させ、重光に有利な証言を確保しようとした。ここで、鈴木による新たな証言の要旨をたどる。

鈴木はまず宣誓口供書にて、外務省は「俘虜及び一般抑留者に関し何等管轄権を持たない」と指摘した。そして、省の権限は「唯権限官庁に右申し出を良く取次ぎその措置を待つのみでありました」と証言した（前掲書、五九七頁）。そうした権限上の制約をあきらかにしたのちに、捕虜処遇の改善を図るため、重光がどのような措置にでたかを例証した。

第一に、関係官庁の局長等との会議にて捕虜問題をとりあげるよう、重光は鈴木に対して指示したという。この件について、鈴木の宣誓口供書には、次のような記述が含まれた。

在敵国居留民保護の問題に関し〔、〕私の事務室で月二回位催した関係省の主任者の会議を屢々《しばしば》利用しました。此の会合には陸、海、内務、運輸、通信、大蔵等各省の主任者が出席しました。陸海軍省からは俘虜情報局、陸軍省軍務局軍務課、海軍省軍務局第二課の係官が参りました。……在敵国日本居留民保護の問題に関連して俘虜の問題に間接に言及したり、或は又散会後私乃至私の部下が権限官庁の主任者と懇談したり致しました。（前掲）

第二に、このような関係官庁の主任者との会議と並行して、重光自身も陸軍大臣にたびたび注意を発したという。この措置は、南京事件時代に広田外相のとったものと同じようだが、重光による陸軍省への働きかけは、広田のそれよりはるかに頻繁だったようである。しかも重光の場合は、諸外国からの問い合わせ等や陸軍省からの回答のみに依存せず、外務省独自で捕虜情報を集めるよう、部下に指示したという（前掲）。

第三に、一九四四年の四月か五月頃に重光は、捕虜問題を審議するための「国際法規慣例委員会」を内閣に設置する案を検討したという。鈴木の説明によると、「此の案の骨子は〔、〕陸海軍の者以外に外務省員及び国際法学者をも加えた委員会を作り〔、〕之を内閣総理大臣に直属せしめて〔、〕戦時国際法及び慣例並びに俘虜関係事項の審議に当たらせよう」という趣旨であった。しかし、結局は「俘虜に関する事項の管理は専ら陸軍の管轄に属した」ため、この案は成立しなかったとのことである（前掲書、五九七〜八頁）。

しかし、第四に、同年一〇月に至ると重光は、いよいよ最高戦争指導会議にて捕虜処遇の問題を議題にしたという。会議における重光の発言について、鈴木は次のように証言した。

尚一九四四年十月重光氏は〔、〕俘虜問題を最高戦争指導会議に持ち出しました。同日の会議に於て重光外務大臣は同会議列席の諸員に対し〔、〕最近敵国側の情報に依れば日本の俘虜に対する待遇には遺憾の点少なからずとの事であるが〔、〕俘虜を人道的に取扱う事は我国古来の美風であるのみならず〔、〕我国の国際的信用及び将来の関係の上から言って大切な事である。

万一此の点に付落度があっては甚だ遺憾であるから〔、〕権限官庁の主任者に対し十分の協議を尽す様〔、〕指令を与えられん事を希望する旨の発言をしました。（前掲書、五九八頁）

つづけて鈴木は、最高戦争指導会議は、「総理、陸海軍大臣、参謀総長、軍令部〔総〕長及び外務大臣を以て構成員」とした点を指摘し、大本営と政府を代表する連絡会議の形式をとっていたことに注意を促した。また、「私が此の話を重光氏より聞いて後間もなく俘虜情報局の連絡員が私に語った所によりますと、俘虜情報局に於ても早速人を各収容所に派して〔、〕俘虜の待遇に注意方を訓令したそうであります」と付け加えた（前掲）。つまり、重光が最高戦争指導会議で捕虜問題をとりあげたことにより、捕虜処遇の改善をうながす具体的な措置がとられた、との証言である。

こうして弁護側は、重光外相がさまざまな手段に訴えて、捕虜虐待を止めさせようとしたという、新たな証言を鈴木から確保した。

ところが、鈴木は反対尋問の際に、重光にとって不都合になりかねない証言も提供した。それは、検察側から、「捕虜取扱問題に関しまして、これらの問題を重光氏が閣議において取上げたことはかつてありましたか」と問われたときに起こった。鈴木の回答は、「重光大臣自身から閣議に出されたことはないと思います」だった（前掲、六一七頁）。鈴木がつづけて説明するところによると、「閣議にそういう問題が出たかどうかという問題でありますが、これは日本側の建前としましては、俘虜の問題は陸軍から提起されない限り、閣議の問題にはなり得ないのじゃないかと思います」とのことである（前掲書、六一八頁）。

鈴木による一連の証言は、はたして重光に有利とみられるべきであろうか、それとも不利だったのだろうか。その答えは、東京裁判所がどのような責任の基準を適用するかによって異なる。もし、外務大臣の権限内でやれることをすべてやらなければならない、というのが裁判所の基準であれば、鈴木の証言は被告人にとって有利とみることができる。他方、重光の義務とは、一閣僚として虐待を終えさせるための効果的な処置をとることで、そうした処置がとれないときは辞任するべき、という、本章の第1節でたどった閣僚責任論が適用されるならば、鈴木の証言では不十分な可能性が高い。
　重光自身は、鈴木の証言を不利と判断したようである。というのは、裁判中の獄中日記では、反対尋問中の鈴木の証言に言及し、それを自分にとっての初の「黒星」と評しているからだ（重光『巣鴨日記』三四三頁）。なお、戦時中の実情について、重光は次のようなコメントも書き残している。

　実は閣議には一度ならず提出して協議したが、当時B29空襲の際俘虜に対する反感強く〔、〕閣員中には俘虜に対する取扱を厳重にすべしと云うものもありたる位なるも、外務大臣は其の待遇は出来得る丈寛大にすべく、将来国交回復の際の用意を必要とすることを強調したのであった。閣議に文書で提出する場合には事務当局は之を知るも〔、〕口頭で提出する時は事務当局は大臣が何を閣議でするかは承知しない。鈴木証人も〔、〕俘虜問題を口頭で閣議に持ち出したことを知らなかったのである。従って検事に対する其の答は「閣議に提出しなかった」のでなく「自分は知らなかった」であった訳である。（前掲）

　この記述によると、実のところ重光は、捕虜問題を閣議で何度もとりあげており、鈴木はそのことを知らなかっただけ、とのことである。しかも、獄中日記のさらなる記述によると、捕虜問題は、「連絡会議にも持ち出し軍部大臣にも注意を喚起」したほか、「遂には天皇陛下の御力を藉りて陛下より度々軍部当局に種々御下命があった」という（前掲書、四四〇頁）。

重光は、東京法廷での証言は辞退しており、獄中日記に記した事柄は公判記録に含まれない。ただし重光は、自分の弁護人には、舞台裏で実情を伝えたようである。なぜなら、最終弁論のとき弁護側は、閣議に関する鈴木の証言が、「閣議に出されたことはないと思います」という言葉に示されるように、あくまで憶測であった点を強調したからだ（『速記録』第一〇巻、二四六頁）。

さらに弁護側は、重光が最高戦争指導会議に捕虜問題を持ちだしたことに、裁判所の注意を喚起した。弁護側によると、そもそも検察側は、最高戦争指導会議が内閣を超越する国策機関であると位置づけていた。とすると、最高戦争指導会議に捕虜問題を持ちだすという措置は、重光が義務履行を果たしたと結論するに足るのではないか、というのである。少し長くなるが、当該部分を引用する。

> 一九四四年十月被告は更に有効な実際的措置をとり、これ等の問題を最高戦争指導会議に持出しました。内閣と異り、この会議は俘虜の拘置及び待遇に付事実上又は法律上の権限を有する官吏全部を包含して居りました。……同会議は、他の一切の連絡機関と同様、内閣その他普通の政府機関が軍令に関する事項を扱う十分な権限を持たなかった為に設けられたのであります。この種〔の〕問題を取上げるには、同会議は内閣よりも効果的な機関であり、その決定が閣議の決定を左右した事は検察側も認めた所であります。検察側は、これを「名称を変えた元の連絡会議」であると言って居り、当法廷は連絡会議の権力については十分御承知であります。（前掲、傍点は加筆）

弁護側によるこの主張は、検察側が最終弁論で主張した閣僚責任論の妥当性を疑問視し、むしろ、検察側が裁判当初に概説した政府組織論を重視するべきではないか、と指摘するものである。これは、もっともな指摘だった。しかし、多数派判事を説得するものではなかった。次章でみていくとおり、多数派判事は、むしろ内閣を中心とした政府組織論を適用することにしたのである。

第五章　「東京判決」——多数派判事による判決

本章では、これまでたどった法廷での争点を念頭に置きつつ、多数派判事がそれらをどう解決したかをみてみる。まずは、多数意見の構成と主な特質を概観する。

1　多数意見の構成と特質

多数意見は、A部からC部までの三部構成で、全一〇章から成る。英語の刊行資料（*Documents*, pp. 71-628）では、全五四八ページの長文である。判決の目次（『速記録』第一〇巻、五八三頁）は、次のとおりである。

B部　第四章　日本の負担した義務及び取得した権利
　　　　　　軍部による日本の支配と戦争準備
　　第五章　日本の中国に対する侵略
　　　　　　第一節　満洲への侵入と占領
　　　　　　第二節　満洲の統一と開発
　　　　　　第三節　中国にさらに進出する計画
　　　　　　第四節　盧溝橋事件（一九三七年七月七日）から一九三八年一月一六日の近衛声明まで
　　　　　　第五節　華北の臨時政府
　　　　　　第六節　大東亜共栄圏
　　　　　　第七節　満洲と中国の他の地域とに対する日本の経済的支配
　　第六章　ソビエット連邦に対する日本の侵略
　　第七章　太平洋戦争
　　第八章　通例の戦争犯罪（残虐行為）
C部　第九章　起訴状の訴因についての認定
　　第一〇章　判定
　　　　　　刑の宣告

このように構成される多数意見は、その約八割が、平和に対する犯罪に関する事実認定に費やされている（第四〜七章）。戦争犯罪に関する事実認定は、判決の一割程度で、英文の刊行資料では全六三ページにとどまった（第八章）。各被告人に対する判定は、さらに短く全二九ページで、被告人一人当たりの平均は一ページ余りである（第一〇章）。裁判所の管轄や適用される法と責任論は、判決のなかでも重要事項と思われるが、全八ページのみが費やされた（第二章）。

このようにして、平和に対する犯罪を重点的にあつかい、個人に対する判定や法理論の議論を簡潔に済ませるという構成は、先例のニュルンベルク判決に従うものだった。また東京判決は、平和に対する犯罪が国際犯罪を成し、そうした犯罪を遂行した者には個人責任が問われる、と結論したが、これもニュルンベルク判決を踏襲するものである（後述）。つまり、ニュルンベルク判決と東京判決とのあいだには、構成と法原則のうえで重要な共通点があった。

しかし、同時に東京判決では、個人責任論を実践的に適用するところで、少なからずぞんざいさが目立った。多数意見の諸問題は本章であきらかにするが、主な点は次の六つにまとめられる。

①判決の中核をなす第四章「軍部による日本の支配と戦争準備」は、訴因第一に主張された共同謀議論に沿う戦争史の再構築に費やされているが、その長々しい記述が、各被告人に対する起訴事実と何の関係があるのか不明瞭である

②第八章「通例の戦争犯罪（残虐行為）」は、犯罪事件の羅列に徹し、被告個人の責任問題を明示的にとりあつかっていない

③第一〇章「判定」では、被告人の各訴因に対する有罪、あるいは無罪判定の根拠が明記されないケースが目立つ

④第一〇章「判定」は、判決の第四－八章に記された諸事実を必ずしも反映せず、第四－八章に照らすと有罪であるべき訴因について、第一〇章では無罪判決を受けている被告人がある

⑤第一〇章「判定」では、責任の基準の適用が一貫しておらず、第二章「法」に示された基準に照らした場合、有罪であるべき戦争犯罪の訴因について、無罪あるいは不問になっている被告人が多い

⑥多数意見は、天皇統治大権を大前提とする政府組織が存在した事実に触れず、もっぱら内閣を国家責任の主体とみなした

つまり、多数意見では、（1）共謀謀議論に基づく戦争史再構築への没頭、（2）犯罪事実の羅列への没頭、（3）各被告人に対する判定の根拠の欠如ないし不備、（4）矛盾をはらむ事実認定と判定、（5）責任の基準の非一貫性、（6）国家元首の責任問題の忌避、という問題が顕著であった。このような問題は、ニュルンベルク判決にはみられず、ウェブ裁判長が著した判決書草稿にも見当たらない。

とすると東京判決は、一方では、ニュルンベルク判決を継承して国際法の発展に寄与し、他方では、責任論の実践が不徹底という問題を持つもので、「正」と「負」の遺産両方をかねそなえた複雑な書とみなされる。そのため、東京判決を歴史的にどう評価するかは、今でもむずかしい

作業である。

東京判決のこうした特質を念頭に置きつつ、つづく二節では、「平和に対する犯罪」と「戦争犯罪」に関する判定を、それぞれ分析する。

2　平和に対する犯罪について

裁判所の管轄権

ニュルンベルクと東京両法廷では、いずれの弁護側も事後法批判を展開した。東京法廷の弁護側の場合は、降伏文書の解釈を含めた七つの理由を挙げて、「平和に対する犯罪」という法理論の妥当性を争っていた。

ニュルンベルク判決と同様にして、東京判決は事後法批判を却下したが、注目されるのは却下の方法である。東京法廷の多数派判事は独自の論を執筆せず、そのかわりに、ニュルンベルク判決の主要な意見にそのまま従うという道を選んだのである。ここでは、東京判決の当該部分をたどる。

東京裁判の多数派判事は、その第二章の冒頭でまず、「われわれの意見では、裁判所条例（裁判所憲章）の法は、本裁判所にとって決定的であり、これを拘束するものである」と記す（『速記録』第一〇巻、五九〇頁)。これは、ニュルンベルク判決のうち、「憲章の法」と題された部分の冒頭に示された宣言を、字句どおりくりかえしたものである。

つづけて多数意見は、戦勝国の有する権限について記述する。その部分によると、戦勝国には、国際法と矛盾するような法律を公布する権限はない。そして、戦勝国の発した裁判所憲章については、それは、戦勝国による専断的な権力行使に値しないとする。この論も、裁判所憲章は「戦勝国による専断的な権力行使ではなく……それが作成されたときに存在した国際法を表現したもの」という、ニュルンベルク裁判所の判断と同じであった(本書の第二章第3節参照)。裁判所憲章は、こうして現行の国際法のもと拘束性をもつと理解される以上、弁護側の主張は却下する、と多数意見は記す。これも、ニュルンベルク判決と同じ論であった。

次に多数意見は、ただし「これに関連する法の諸問題が非常に重要であることにかんがみ、本裁判所は、これらの問題に関する裁判所の意見を記録しておく」と記す(『速記録』第一〇巻、五九〇頁)。この論の流れもまた、ニュルンベルク判決を再現するものであった。引きつづき示される「裁判所の意見」をみてみると、それは、ニュルンベルク判決から主要な論を字句どおり引用したものとわかる。そこには、東京裁判の多数派判事による新たな解説等は、一切含まれなかった。ただし引用のあとに、多数派判事は次のような宣言を付した。

ニュールンベルグ裁判所の以上の意見とその意見に到達するにあたっての推論に、本裁判所は完全に同意する。……本裁判所とニュールンベルグ裁判所との条例が、重要な点において、すべて同一であることにかんがみ、本裁判所は、ニュールンベルグ裁判所の意見であって本件に関連のあるものは、無条件の賛意を表するものである。いくらか違った言葉で問題を新たに論じ、そのために、両裁判所の述べた意見について抵触する解釈が行われるようになって、論争の起る途を開くよりは、その方がよいと考える。（前掲書、五九〇〜一頁）

つまり、ニュルンベルクと同じ意見を示すことで、不必要に解釈の余地を残さないよう努めた、とのことであった。

ニュルンベルクと東京裁判が実施された当時、国際法において「平和に対する犯罪」が認められるかどうかについて、法曹界では意見が分かれていた。そのようなとき両裁判所は、それぞれの結論を提供するだけでなく、その結論にどう至ったのか合理的な説明を付す必要があった。ニュルンベルク裁判所の場合、独自の論を執筆してその疑問に答えた。東京裁判所の多数派判事はというと、かれらが権威あるとみなしたニュルンベルク裁判所に言及し、その理由づけをそのまま採用することで回答した。

国際法における平和に対する犯罪の位置づけについては、今後も賛否両論があるだろう。また、ニュルンベルク・東京両裁判に対して、事後法批判をとなえる者もあるだろう。しかし、両裁判所がそれぞれの結論に関する合理的な説明を付し、この法問題に関する裁判所の見解をあきらかにしたことについては、合意があってよい。

共同謀議論

本書の第二章で概説したとおり、起訴状には、「平和に対する犯罪」に関する訴因が全三六件あった。しかし、重複しているとみなされる訴因や、裁判所の管轄外と判断される訴因を、多数派判事がその判決ですべて却下した。そのため審査対象となったのは、共同謀議の訴因第一と、侵略戦争の遂行に関する訴因七件のみだった。

このような一見して技術的な処置は、実は重大な意味を持った。というのは、多数派判事はこの措置により、侵略戦争の計画・準備・開始という起訴事実を、審査しないで済ませたからだ。そのかわりに判事たちは、訴因第一の共同謀議論に根ざす戦争史を再構築する作業に当たった。そうした戦争史は、多数意見の約四割を占める長文となり、第四章「軍部による日本の支配と戦争準備」に結実した。

判決の第四章にみられる戦争史は、次のような特徴を持つ。

①その戦争史では、起訴された二八名の被告人ではなく、「共同謀議者」あるいは「軍部」や「軍部派」という、不特定多数から成る団体の、集団的な行動が前面に押しだされた

②同戦争史は、「共同謀議者」あるいは「軍部」や「軍部派」が、一九二八年前後から日本によるアジア太平洋地域の支配を目的とし、侵略戦争を遂行するという共同計画に参加し、その共同計画を次第に実現していった、という話で形作られた

③戦争史を再構築する手法としては、一九二八年以来の国内政治と外交政策を年代順に語る、
という方法が採用された

これらの特徴をもつ戦争史は、一七年間にわたって「共同謀議」がどう発展したかを伝えるためには、申し分なかったかもしれない。しかし、そこには被告人らによる言動の分析が欠けており、個人責任の究明が不徹底であった。そもそも東京裁判所に課された仕事とは、各被告人に対する証拠を審査し、責任の所在をあきらかにすることであった。そんなとき、長々しい「共同謀議」の歴史的軌跡をたどったのは、実は不適切な処置であったといえよう。

参考までに、ニュルンベルク判決には、共同謀議論に根差す戦争史はみられない。なぜなら、ニュルンベルク裁判所の場合、「共同謀議の犯罪的な目的は明かに規定せられることを要する」と判断しており、よって、「法廷としては戦争遂行の具体的計画が果して存在したか否かを検討し、而して同計画の参画者を決定するを要するのである」との立場をとったからだ。そして、ニュルンベルク裁判所は最終的に、すべてを包含する単一の共同謀議よりもむしろ「多数の個別の計画の存在」が認められた、と結論していた。この結論は、共同謀議の訴因を実質的に骨抜きにする判定であった（本書の第二章第3節）。ウェブ裁判長も、ニュルンベルク裁判所と同じように共同謀議論を狭義に解釈し、多数派判事が記したような長々しい戦争史は、その判決書草稿に含まなかった。

共同謀議をめぐる議論の中で――広田弘毅

多数意見の第四章にて、被告人の言動が具体的にどう審査されたのか、ここでは広田を事例に追ってみる。

多数意見では、一九三六年から一九三八年までが、戦争史の重要段階と位置づけられた。そして、その時期に総理大臣と外務大臣を歴任した広田は、何度も言及された。ところが、広田がいつどのようにして共同謀議に関与したのかについては、明示しなかった。

一例として、判決の第四章に含まれた「海軍の諸準備」と題される節が挙げられる。その節では、「広田が総理大臣であったときに、戦争準備のための国家総動員を促進させるについて、海軍は陸軍に劣らず積極的であった」と記された（前掲書、六一〇頁）。しかし、海軍の戦争準備を促進するために、広田が具体的に何をしたのか、まったく記述がない。そのかわりに、しばらく後の新たな節では、「一部閣僚の見解が陸軍の見解と根本的に異っている」と称して、寺内陸相が辞任し、広田内閣が倒壊するに至ったことが記された（前掲書、六一五頁）。

つづいて多数意見は、広田退陣後には林銑十郎が組閣した旨を示すが、林内閣も短命であり、やがて近衛第一次内閣が形成されたという。そして、近衛新内閣も、陸軍の企画した国家総動員法が一九三八年二月に帝国議会の反対にあい、「一九三七年一月に広田内閣が崩壊したときと同じ危険」に直面した。「この板挟みに遇って、内閣は陸軍の案を採用した」とのことだ（前掲書、六三〇頁）。

これらの語りでは、共同謀議を推進させた主要人物として、広田への言及はあるが、広田が共同謀議にどう関与したのかが不明瞭である。しかも、閣僚のあいだでは国策に関する根本的な意見の相違があり、内閣の崩壊がつづいたとの記述になっている。これでは、訴因第一に示される共同謀議が、この時点で政府レベルにあったのかどうかも、あやふやであった。

このような不明瞭さは、日中戦争中に大本営が設置された経緯についての記述にもみられる。当該部分は、次の一文に始まる。

一九三七年十一月十九日に、内閣はこの問題を審議した。広田、賀屋及び木戸は当時この内閣の閣僚であった。その翌日、大本営が設置された。(前掲書、六二四頁)

この引用には、広田、賀屋、木戸といった被告人三名の名前が列記してあるが、かれらが大本営の設置に賛意を評したのか、それとも反対したのか、何らの説明もない。仮に三名が大本営設置を支持したとしても、では、そのような行為が起訴事実にどう関係するのかについても、何らの記述がない。しかも、多数派判事はこの一文のすぐあとに、閣僚は大本営に対して何らの権限も持たなかった旨を、次の記述であきらかにした。

これは陸軍省、海軍省、参謀本部及び軍令部からなる合同機関であった。陸軍部は参謀本部で、海軍部は軍令部で別々に会合した。しかし、一週一度か二度は、宮中で全体会議が開かれた。この全体会議は作戦用兵の問題に関したものであった。行政上の政策の問題は、内閣が内閣参議の助言を得て決定する事項であったが、作戦の指導は大本営が担当した。

これは機密の保持をぜひとも必要とし、内閣が関与することのできない分野であった。

（前掲、傍点は加筆）

つまり、広田、賀屋、木戸、あるいはそのほかの閣僚は、大本営の会議に出る幕がないとのことであった。さらに多数派判事は、「この大本営の設置ということそれ自身によって、軍部は時の内閣の承諾もなしに、また時には内閣の知りもしないうちに、重要な軍事事項を決定する権力を得た」とも記した（前掲）。ならば、大本営の設立との関連でなぜ、これらの被告人三名に言及したのか、理解に苦しむところである。

このようにして、多数意見の第四章では、本論とはほとんど無関係な形で被告人の名前が現れては消える、という歴史語りをくりかえし、広田の事例は、その典型であった。要するに、多数意見の第四章にみられる戦争史の主役は、歴史語りそのものであり個人ではなかった。そして、各被告人の罪状が疑いの余地なく証明されたかどうか、という問題については、ほとんど考察されなかったのである。

個人に対する判定――土肥原・橋本・畑・賀屋・重光・佐藤

こうして多数意見の第四章には、「共同謀議者」などの集合体を中心にした戦争史が提供されたが、各被告人の責任問題をあつかった第一〇章「判定」では、どうだろうか。ここでは、訴因第一について有罪判決を受けた五名（土肥原、橋本、畑、賀屋、佐藤）と、無罪判決だった一名（重光）の事例をたどってみる。

　土肥原賢二は、関東軍による満洲侵攻以来、陸軍組織内で昇進昇格の一途をたどり、太平洋戦争期には東部軍司令官と第七方面軍司令官などを歴任した人物である。第一〇章では、この被告人に対して次のような事実認定が提供された。

> かれは、満州《ママ》で遂行された中国に対する侵略戦争の開始及び進展と、その後における、日本に支配された満州《ママ》国の建設とに、密接に関係していた。中国の他の地域でも、日本の軍部派の侵略政策がとられるにつれて、土肥原は、政治的の謀略と、武力による威嚇と、武力の行使とによって、それを進展させることに顕著な役割を演じた。
>
> 　土肥原は、東アジアと東南アジアを日本の支配下に置こうとして、軍部派の他の指導者がその計画を立案、準備及び遂行するにあたって、かれらと密接に連絡して行動した。（前掲書、七九五頁、傍点は加筆）

　この判定には、不明瞭な点が二つある。第一に、土肥原が「軍部派」と連携したと記すが、なぜ「共同謀議者」と共通の目的をもった、ではないのか。「軍部派」や「軍部」という言葉は、多数意見の第四章でも散見されるが、これらの言葉は、「共同謀議者」を意味するのか、それとも「共同謀議者」とは異なる団体を指し示すのか。これらの問いに対する答えは、多数意見のどこにも見当たらない。

第二に、この判定には「政治的謀略と、武力による威嚇と」というくだりがあるが、こうした行為は、起訴事実と何の関連があるのだろうか。裁判所憲章と起訴状に照らすと、被告人に問われているのは侵略戦争を実行すること、つまり「武力の行使」を目的とした合意に参加したかどうかであって、「政治的謀略」や「武力による威嚇」は明記されていない。

このように、「軍部派」と連携したとか、「政治的謀略と、武力による威嚇と」を手段とした、といった表現は、土肥原を満洲事変の歴史的文脈に位置づけるには有用だったかもしれない。しかし、平和に対する犯罪に関する責任の根拠としては、不適切だった。

橋本欣五郎大佐に対する判定は、土肥原のそれと対照的だった。橋本は、満洲事変前後に政治体制の革新を図った人物である。多数意見は、橋本の判定では「軍部派」という言葉は使っていない。そのかわりに、「共同謀議者」という表現を採用し、橋本を共同謀議の「首謀者のひとり」と断定した（前掲）。なぜ、橋本は共同謀議の一首謀者と判断され、土肥原にはそれが当たらないのだろうか。多数意見は、この問いに対する答えを含まない。

また、橋本に対する判定には、戦時中の橋本による著作や革新的活動に言及があり、それらの目的は、「民主主義を破壊することと、日本の対外進出の達成を目的として、戦争に訴えるのに、いっそう都合のよい政治体制を確立すること」だったと記される。しかし、そうした行為は裁判所憲章に照らして、共同謀議の範疇に入る犯罪行為とみなせるのだろうか。この点は不明である。

さらに、橋本は「奉天事件の発生を計画し、それによって、満州《ママ》を占拠する口実を陸軍に与えるようにするについても、かれはある程度の役割を演じた」と記すが、この「ある程度の役割」についても説明がなかった（前掲、傍点は加筆）。

畑俊六大将に対する判定も、次に引用するとおり、有罪の根拠が明記されていない。畑は、日中戦争期に陸軍大臣（一九三九－四〇年）や、支那派遣軍総司令官（一九四一－四年）などを歴任した人物である。

> 閣僚の地位にあったのは一年足らずであったが、侵略的諸計画の立案と実行に実質的な貢献をした。かれは陸軍大臣として、政府の政策に相当な影響を及ぼした。中国における戦争は、勢いを新たにして遂行され、汪精衛政府が南京に樹立され、仏印を支配する計画が進められ、オランダ領東インドに関する事項について、オランダとの交渉が行われた（前掲書、七九六頁）。

この記述では、畑が「侵略的諸計画の立案と実行に実質的な貢献をした」、とは宣言されている。しかし、畑の具体的な貢献があきらかではない。むしろここでは、日中戦争が「遂行され」、汪精衛政府が「樹立され」、仏印支配の計画が「進められ」、蘭領東インドとの交渉が「行われ」、といった受け身の表現がつづき、行動の主体が誰なのか、はっきりしなかった。

また同判定では、畑が「東アジアと南方諸地域を日本が支配することに賛成した」と記され、畑がとった行動の例証を含んだが、それらは、「政党を廃止し、これに代えて、大政翼賛会を設けることに賛成し」といった具合である（前掲）。これらの行為が、共同謀議の罪状にどう関連するのかは不明だった。畑が共同謀議の首謀者だったのかどうかも、この判定では考察がない。

賀屋興宣の場合も、有罪の根拠が明記されない。平和に対する犯罪に関する事実認定では、まず賀屋が戦時中に占めた役職が羅列され、そのすぐ後に、賀屋が戦争に果たした役割が次のように記された。

これらの地位において、かれは、日本の侵略的な諸政策の樹立と、それらの政策の遂行のための日本の財政上、経済上、産業上の準備とに参加した。

この期間を通じて、特に第一次近衛内閣と東条内閣との大蔵大臣として、また北支那開発会社総裁として、かれは、中国における侵略戦争と西洋諸国に対する侵略戦争との準備と遂行とに積極的に従事した。かれは、訴因第一に主張されている共同謀議の積極的な一員であり、この訴因について、有罪と判定される。（前掲書、七九八頁）

この判定では、賀屋が戦争の準備と遂行に「積極的に従事し」、共同謀議の「積極的な一員であり」とは記される。しかし、賀屋が首謀者だったのか、それとも共犯者だったのかといった、関与形式についての考察はない。また、賀屋が「日本の侵略的な諸政策の樹立と、それらの政策の遂行のための日本の財政上、経済上、産業上の準備とに参加した」と宣言するが、被告人が、侵略戦争を遂行する意図を共有したのかどうか議論がない。そのため、共同謀議論に照らして有罪と判断するに足るのかどうか、不明瞭だった。

重光葵は、訴因第一について無罪宣告された稀な例である。多数意見には、無罪の根拠が次のように記された。

訴因第一については、かれが一九三一年と一九三二年に中国駐在公使であったとき、対満事務局参与であったとき、一九三六年から一九三八年までソビエット連邦駐在大使であったとき、一九三八年から一九四一年までイギリス駐在大使であったとき、並びに一九四二年と一九四三年に中国駐在大使であったときの、かれの行動が訴追されている。……上に述べた年の間、かれは共同謀議者の一人ではなかった。実際において、かれは、外務省に対して共同謀議者の政策に反対する進言をくり返し与えていたのである。

かれが外務大臣になった一九四三年までには、一定の侵略戦争を遂行するという共同謀議者の政策はすでに定っており、かつ実行されつつあった。その後は、この政策がそれ以上に樹立されたことも、発展させられたこともなかった。（前掲書、八〇二頁）

この判定によると、諸外国での駐在公使や大使だったとき、重光は「共同謀議の一人ではなく」、一九四三年の外相就任時には、政府の戦争政策が決着済みだったので、ここでも重光には責任が問えないという。この一見して妥当な判定には、問題点が二つある。

第一に、多数意見は、「実際において、かれは、外務省に対して共同謀議者の政策に反対する進言をくり返し与えていた」と記すが、この事実認定は、受理された証拠と合致しない。大使時代に発した重光の電報には、むしろ武力を行使して日本の国益伸張を進言するものが含まれた。一例として、重光は駐英大使であったとき、自国政府に対して次のような進言をしていた。

大東亜に於ける我地位を建設するには〔、〕直接小国（仏蘭或は葡）の犠牲に於て行い（間接には英米側の犠牲となるべきも）他国との衝突を避け〔、〕一時に相手を多くせず各個処分の方策を以て〔、〕最小限度の損害を以て最大の利益を収むることを考慮する要あらん（『速記録』第二巻、七九八頁）

この電報から、重光は欧州戦争を国益拡張の機会とみなし、「小国」のフランスやオランダあるいはポルトガルを犠牲にしてもよいから、この機会に乗じて大東亜における日本の地位を建設する処置にでよ、と勧めたことがわかる。このような文書は、訴因第一に関する重光の責任の論拠になり得た。しかし、なぜか多数意見はこれに言及しなかった。ウェブ裁判長の判決書草稿では、この書証が言及され、共同謀議の訴因につき重光を有罪とする根拠とのとりあつかいであった（コーエン、戸谷『東京裁判「神話」の解体』二三二～五頁）。

第二に、多数意見では、重光は訴因第一につき無罪を宣告されたが、もう一名の被告人で重光より比較的下位にあった佐藤賢了は、なぜか有罪と判断されている。佐藤は、一九四一年から一九四二年まで陸軍省軍務局の軍務課長、一九四二年から一九四四年まで軍務局長の地位を占めた人物である。

多数意見によると、佐藤が一九四一年に占めるようになった軍務課長という地位は、「政策の樹立を左右し得るような地位」であったという。そのため、佐藤はそれ以来「明らかに共同謀議の一員」とみなされるとのことだ（『速記録』第一〇巻、八〇二頁）。ところが、有罪の根拠は被告人の占めた地位ではなく、被告人が何を知っていたかであったと記す。当該部分は次のとおりである。

> 決定的な問題は、そのときまでに、日本の企図が犯罪的であったということをかれが知るようになっていたかどうかということである。なぜなら、その後は、自分のできる限り、かれはこれらの企図の進展と遂行を促進したからである。（前掲）

この判定によると、日本の計画する対外軍事行為が犯罪である――つまり国際法に違反する行為である――と佐藤が認識していたことが、「決定的」とのことだ。とすると、同様の認識を持っていたと察せられる重光も、「知っていた」を根拠として、訴因第一につき有罪と判断されるべきだった。しかし、先にみたとおり、重光は訴因第一につき無罪を言い渡された。

3　戦争犯罪について

戦争犯罪に関する法見解と事実認定は、多数意見では、第二章「法」、第八章「通例の戦争犯罪（残虐行為）」、第一〇章「判定」、といった三つの部分に含まれる。このうち第二章「法」は、法廷で争点だった政府責任論をとりあげ、多数派判事の解釈を示しており、重要である。第八章「通例の戦争犯罪」では、もっぱら犯罪の事実の羅列に徹したが、その冒頭部分では、山下判決に依拠したもう一つの責任論が示され、これも注目される。そして、第一〇章「判定」は、第二章と第八章の責任論に照らし、各被告人に対する有・無罪の判断を下している。本節では、これら三つの章を順にたどってみる。

政府組織論と閣僚責任の基準

第二章「法」には、「捕虜に対する戦争犯罪の責任」と題した節がある。その冒頭は、「捕虜と、一般人抑留者は、それを捕える政府の権力内にある」という宣言ではじまる（前掲書、五九一頁）。この一文から、国際条約を論拠とする政府責任論を、多数派判事が支持したとわかる。

つづく段落は、捕虜や一般抑留者を保護する義務を具体的に誰がまっとうするか、という問題をあつかっている。当該部分は次のとおりである。

捕虜に対するこれらの義務を果すについては、政府は人によらなければならない。この意味で、責任ある政府とは、実に政府の職務を指揮し、統制ある人々のことなのである。……捕虜に対する義務は、政治上の抽象的な存在に課された無意味な義務ではない。それは特定の義務であって、第一次的に、政府を構成する人々によって履行されなければならない。近代の政府には非常に多くの義務と任務が伴うので、必然的に、義務の分割と委任に関する複雑な制度が生じる。（前掲）

この引用で注目されるのは、「責任ある政府とは、実に政府の職務を指揮し、統制ある人々のこと」との記述や、「捕虜に対する義務は、政治上の抽象的な存在に課された無意味な義務ではない」という言明である。これらは、国際犯罪を問われる主体が「政治上の抽象的な存在」ではなく「個人」であるという、ニュルンベルク裁判所の見解を反映するものだった。ニュルンベルク判決の当該部分には、次の一文がみられる。

国際法に対する犯罪は、抽象的な存在によってではなく人間によって遂行され、そのような犯罪を遂行する個人を処罰することによってのみ、国際法の規定を施行できる。（**Nuremberg Judgment, p. 223**）

つづけて、東京法廷における多数意見の第二章「法」では、捕虜管理の義務を共有する「政府」の構成員として、次の四種を列記した。

(一) 閣僚
(二) 捕虜を留置している部隊の指揮官である陸海軍武官
(三) 捕虜の福利に関係のある官庁の職員
(四) 文官であると、陸海軍武官であるとにかかわりなく、捕虜を直接みずから管理している職員(『速記録』第一〇巻、五九一頁)

この列記から、多数派判事は閣僚を筆頭とした政府組織論を採用し、国家統治大権を有する天皇は枠外においたことがわかる。これは、最終弁論の際に検察側が提供した組織論と合致した。多数意見によると、これら四種の政府構成員には、「捕虜に正当な待遇を与え、かれらの虐待を防ぐ」義務があるという。具体的には、「これらの目的にあてられた組織を設け、それを継続的に、効果的に運営されるように」する義務があり、そうした運営を「確かめることを怠ったならば、それに対して責任」を負う、とのことである。そして、もし政府構成員が、捕虜虐待等の犯罪が遂行されていることを「不注意または怠慢でない限り……知っていたか、または知っているべきであったという場合に、このような犯罪を防ぐために、なにかの措置をとることを、かれの属する官庁がかれに要求し、または許可していたのであるならば、かれは不作為に対して責任を免れることはできない」という（前掲）。

つづく記述では、各種の政府構成員に適用されるべき責任の基準が示された。被告グループには、かつて閣僚だった人物が多く含まれたためであろう。ここでは、閣僚に関して比較的くわしく論じている。第二、第三種の政府構成員に関しては、ごく短い記述であった。第四種については、被告人グループにはそれに相当する人物がいなかったためか、適用される基準が示されていない。

閣僚に関する記述はやや長いが、重要なので引用する。

内閣は政府の主要な機関の一つとして、捕虜の保護について、連帯して責任を負うものであって、その閣僚は、すでに論じた意味の犯罪が行われていることを知っており、しかも将来このような犯罪が行われているのを防止する措置をとることを怠ったり、それに失敗しながら、あえて閣僚として引続き在任する場合には、かれは責任を解除されることはない。たといかれの主管している省が捕虜の保護について直接に関係していない場合でも、これはあてはまることである。閣僚は辞職することができる。かれが捕虜の虐待を知っており、将来の虐待を防ぐ力がないのに、あえて内閣に留まり、これによって、引続き捕虜の保護についての内閣の連帯責任を分担するならば、将来のどのような虐待についても、かれはみずから好んで責任を引受けるものである。（前掲書、五九二頁）

ここに記されている責任の基準には、二点の特色がある。

第一に、閣僚の場合、捕虜管理に関する国際責務をまっとうするためには、内閣のレベルで犯罪防止の措置を講じなければならない。そして、もし内閣による措置が実現せず、捕虜虐待がつづく事態であるならば、内閣から辞職するべきという。これは、検察側が最終弁論で提供した閣僚責任論を支持するものであった。なお、この責任論では、上官―部下関係の存在を前提としていないため、この論は「指揮官責任」とは別物とも理解できる。

第二に、この基準には、「たといかれの主管している省が捕虜の保護について直接に関係していない場合でも」とのくだりがあることから、陸軍省以外の官庁を担当する閣僚にも、この基準が適用されるとわかる。また、「内閣は……連帯して責任を負う」とか、「内閣の連帯責任」とか記されていることから、内閣レベルで国際責務をまっとうする適切な措置をとらなかったとき、連帯責任の原則のもと、閣僚全員に責任が問われるとわかる。

この基準に照らすと、戦時中に閣僚の地位を占めた被告人はみな、有罪と判断され得た。しかし、多数派判事が実際に有罪と判定したのは、かつての閣僚のうち四名のみだった。なぜこのような結果になったのだろうか。この問いは、次節以降で事例をとりあげながら考察する。

政府の構成員のうち、第二種「捕虜を留置している部隊の指揮官である陸海軍武官」に適用される責任の基準については、第二章「法」は次のように記した。

もしかれらの管理の下にある捕虜に対して犯罪が行われ、そのようなことが起りそうなことをかれらがあらかじめ知っていたか、知っているべきであった場合には、かれらはこれらの犯罪に対して責任がある。たとえば、自己の指揮の下にある部隊の中で、通例の犯罪が行われ、それについて、かれが知っていたか知っているべきであった場合に、将来におけるそのような犯罪の発生を防ぐために、充分な措置をとらない指揮官は、将来そのような犯罪について責任がある。（前掲、傍点は加筆）

ここの基準では、「自己の指揮の下にある部隊の中で」というくだりから、上官—部下関係の存在を前提としたことがわかる。よって、ここに示される責任論は「指揮官責任論」と理解される。

第三種「捕虜の福利に関係のある官庁の職員」に関する基準は、次のとおりである。

捕虜の虐待を知っていた各省職員は、辞職をしなかったという理由では、責任があることにはならない。しかし、もしその職務が捕虜の保護組織の運営を含むものであり、また、犯罪を知っていたか、知っているべきであったのに、その将来における発生を防ぐために、自己の権限の範囲で、効果のあることを何もしなかったとすれば、そのときは、そのような将来の犯罪に対して、かれらは責任がある。（前掲）

この基準では、二点が注目される。第一に、「捕虜の虐待を知っていた各省職員は、辞職をしなかったという理由では、責任があることにはならない」とのくだりから、官庁の職員には閣僚とはちがい、連帯責任に依拠した辞職が求められていない。第二に、ここでは、官庁の職員は犯罪をやめさせる「効果のある」措置をとることが義務であるが、そうした措置はあくまで「自己の権限の範囲で」とる、という但し書きも付されている。これはつまり、官庁の職員の場合、占める地位に存する権限外の行動は求められず、閣僚よりも責任の基準が厳しくなかった。

もうひとつの責任論──「秘密に命令されたか、故意に許された」

次に、多数意見の第八章「通例の戦争犯罪」に目を転じると、そこには、第二章「法」とはまったく別の、山下裁判を継承する責任論が示されている。その内容を、ここで追ってみよう。

多数意見の第八章は、その大半が犯罪事件の羅列に費やされたが、章の冒頭では、そうした羅列から導きだされるべき結論が、まず宣言された。山下判決に依拠する責任論は、そこに示されている。やや長いが重要なところなので、次に当該部分を引用する。

本裁判所に提出された残虐行為及びその他の通例の戦争犯罪に関する証拠は、中国における戦争開始から一九四五年八月の日本の降伏まで、拷問、殺人、強姦及びその他の最も非人道的な野蛮な性質の残忍行為が、日本の陸海軍によって思うままに行われたことを立証している。数カ月の期間にわたって、本裁判所は証人から口頭や宣誓口供書による証言を聴いた。これらの証人は、すべての戦争地域で行われた残虐行為について、詳細に証言した。それは非常に大きな規模で行われたが、すべての戦争地域でまったく共通の方法で行われたから、結論はただ一つしかあり得ない。すなわち、残虐行為は、日本政府またはその個々の官吏及び軍隊の指導者によって、秘密に命令されたか、故意に許されたかということである。（前掲書、七六六頁、傍点は加筆）

この引用で注目されるのは、最後の部分の「秘密に命令されたか、故意に許された」である。というのは、これとほとんど同じフレーズが、次に引用するとおり、山下判決に含まれていたからである。

時間と地域両方に関して、犯罪があまりに大規模かつ広範囲だった為、それらは被告人によって故意に許されたか、あるいは被告人によって秘密に命令されたかに違いないことを、検察側の証拠は示した。（山下判決の全文は、War Crimes Documentation Initiative ウェブサイトのオンライン展示"Justice in Asia and the Pacific, 1945-1952"に掲載、傍点は加筆、ここでの和訳は筆者によるもの）

この引用にみられる「故意に許された」と「秘密に命令された」は、山下裁判における検察側立証の要約として記されているが、これは、在マニラの米軍事委員会が山下を有罪と判断するときの論拠でもあった。なお、「秘密に命令」という表現は、検察側から山下による犯罪命令を裏づける証拠が提出されなかったことを示し、「故意に許された」という表現は、検察側が適用する責任論が、作為責任なのか不作為責任なのか不明瞭だったことを暗示する。

東京法廷の国際検察局は、被告人と犯罪事件とのつながりを示す「連鎖証拠」を利用したが、その他には、多くの「犯罪の証拠」を用いて、戦争犯罪が広い時空間でくりかえされたことを記録し、犯罪の命令あるいは認識を類推できるようにする、という山下裁判の立証戦略も併用していた。おそらく多数派判事は、そうした共通点を踏まえ、「秘密に命令されたか、故意に許された」に違いないという見解を判決に盛りこんだのだろう。しかし、このような判定には問題点が二つあった。

第一に、多数派判事は、同じパターンの犯罪が広い時空間でくりかえされた事実から、犯罪の遂行は「秘密に命令されたか、故意に許された」と主張し、それ以外の結論はあり得ないとする。しかし、日本軍将兵が各地で似たような行動をとった背景には、日本軍における軍事訓練や軍律のあり方が影響した可能性もあり、「秘密に命令されたか、故意に許された」が唯一の結論、という主張に説得力を持たせられていない。

第二に、日本軍将兵による犯罪は、「すべての戦争地域でまったく共通の方法で行われた」というが、多数意見の第八章の残りの部分では、犯罪の方法がむしろ多様であったことが浮き彫りになっている。一例として、「大虐殺」に関する事実認定では、虐殺の方法としては、「犠牲者はまず縛られ、ついで銃撃されるか、銃剣で刺されるか、刀で首を斬られた」と記すほか、「ある場所では、さらに恐ろしい方法が用いられた」とも指摘している。つまり、大虐殺の遂行方法がさまざまであったことを認める内容であった（『速記録』第一〇巻、七七三〜四頁）。

政府責任の主体の類型別考察——陸海軍武官・官庁の職員・閣僚

被告人グループは当初二八名から成り、大川周明と白鳥敏夫を除いた全員が、戦争犯罪について責任を問われていた。しかし、多数派判事が有罪と判断したのは一〇名のみで、残る被告人は無罪だった。有罪宣告を受けた一〇名のうち七名は、極刑に処された。ここでは、有罪の事例七件（土肥原、畑、板垣、松井、武藤、広田、重光）と、無罪の事例五件（岡、嶋田、佐藤、平沼、木戸、ただし「平和に対する犯罪」についてはいずれも有罪）を比較し、多数派判事がどう責任論を適用したかを探る。事例は、㋑捕虜を留置している部隊の指揮官である陸海軍武官、㋺捕虜の福利に関係のある官庁の職員、㋩閣僚、の三種に分けて考察する。

㋑陸海軍武官——土肥原・畑・板垣・松井

前節で素描したとおり、土肥原賢二は満洲事変以来、昇進昇格の一途をたどった人物である。太平洋戦争期には、東部軍司令官と第七方面軍司令官を歴任した。戦争犯罪に関する訴追は、太平洋戦争期の捕虜虐待に集中した。主な証拠は、東部軍や第七方面軍の管轄地域で起こった捕虜虐待を記録する「犯罪の証拠」だった。ただし、かつて新潟の直江津捕虜収容所に収容された豪軍将校ジェームズ・チズム大尉が出廷し、東部軍司令官だった土肥原が同収容所を視察したことについて、次のような「連鎖証拠」を提供していた。

ブルーエット弁護人　あなたは直接彼を見ましたか。
チズム証人　見ました。
ウェッブ裁判長　もう一遍ここで彼を見別けることができますか。
チズム証人　できると思います。
ウェッブ裁判長　彼が今どこにいるか見えますか。
チズム証人　そこにおられます。（『速記録』第三巻、七八七頁）

この証言では、捕虜虐待の被害者自身が被告人を識別しており、土肥原にとっては重大問題であった。

ところが、多数派判事は判決を起草するときに、法廷でこうした証言が確保されたことを忘れてしまったようである。というのは、多数意見には、チズムの証言に何らの言及もなく、直江津捕虜収容所での捕虜虐待についても記述がないからだ。その結果、この問題に関する土肥原の責任は不問に終わっている。参考までに、ウェブ裁判長の判決書草稿では、直江津での捕虜虐待と東部軍司令官の責任が論じられ、この問題につき土肥原が有罪であるとの結論に至っている（コーエン、戸谷『東京裁判「神話」の解体』二五九～六〇頁）。

他方、第七方面軍に関係する捕虜問題については、多数意見の第一〇章「判定」でとりあつかわれた。その記述によると、第七方面軍司令官の責任の範囲について、「証拠が矛盾」しつつ、

「少くともかれらに食物と医療品を供給することについて、かれは責任があった」という（『速記録』第一〇巻、七九五頁）。この「証拠が矛盾」しているというくだりは、方面軍司令官の権限について、弁護側証人が一貫しない証言を提供したことに言及している（本書の第四章第4節参照）。

つづけて第一〇章「判定」は、戦争末期に海上輸送がままならぬ状況だったという弁護側の証言を踏まえながら、次のような事実認定を提供した。

かれら〔捕虜〕がはなはだしく虐待されたということは、証拠によって明らかである。捕虜は食物を充分に与えられず、栄養不足と食餌の不足による病気とに基く死亡が驚くべき率で発生した。これらの状態は、捕虜にだけあてはまったことであり、かれらを捕えた者の間には起らなかった。弁護のために、これらの地区における日本の戦局が悪くなり、交通が絶えたので、捕虜に対するいっそうよい補給を維持することができなくなったということが主張された。証拠の示すところでは、食物と医薬品とは手に入れることができたのであり、それを捕虜の恐るべき状態を緩和するために用いることができたはずである。これらの補給は、土肥原がその責任を負うべき方針に基づいて差止められた。これらの事実の認定に基いて、土肥原の犯罪は、訴因第五十五よりも、むしろ訴因第五十四に該当する。（『速記録』第一〇巻、七九六頁）

土肥原に対するこの判定は、問題点が三つ指摘される。

第一に、同判定では、「土肥原がその責任を負うべき方針に基づいて差止められた」と記すが、土肥原が実際にそのような方針を推進したのかどうか、証拠があきらかではない。そして、戦局が危うく交通も通信もままならない当時、管轄下の広大な地域における捕虜状況を知っていたかどうか疑問があるが、その疑問に答える記述もない。つまり、この判定では、犯罪の主観的要件に関する分析が欠けていた。

第二に、土肥原は訴因第五四で有罪と判断され、訴因第五五については無罪となっている。しかし、右に引用した判定は、実質的には不作為犯に相当するとみられる。とすると、訴因第五五について有罪と判断する方が、適切だったといえる。

第三に、この判定には、「かれの指揮する地区内の捕虜」とのくだりがあるが、多数意見の第二章「法」の基準に照らすと、軍司令官に適用される責任論は「指揮官責任論」であろう。ならば、ここで話題とされるべき事柄は、捕虜が土肥原の指揮する地区内にあったかどうかではなく、土肥原と犯罪実行者のあいだに「上官―部下」関係があったかどうかであった。

畑俊六は、一九三八年二月に中支那方面軍が解体され、新たに中支那派遣軍が編成されたとき、その司令官に任命された。そののち中央政府にて陸軍大臣等の要職を経て、一九四一年三月には支那派遣軍総司令官に任じられた。

検察側の立証段階では、中国各地で日本軍将兵の遂行した戦争犯罪が記録され、そうした記録を根拠にして政府や軍指導者に責任を帰する、という立証戦略を採用していた。弁護側反証では、畑の部下だった人物が多く出廷し、畑が軍紀や風紀に厳しかったとか、中国戦線における日本軍将兵の軍律遵守は模範的であったとか、証人自身は日本軍将兵による残虐行為を見たことも聞いたこともないといった証言を提供した。かつて陸軍省法務局長だった大山文雄からは、日本軍将兵が南京事件以後も中国各地で強姦を遂行し、軍当局が対処に苦慮した旨が、証言されていた(本書の第四章第2節「中国——南京事件以後」および第3節「南京事件以後」参照)。

畑に対する戦争犯罪の判定はきわめて短い。当該部分の全文は次のとおりである。

一九三八年に、また一九四一年から一九四四年まで、畑が中国における派遣軍を指揮していたときに、かれの指揮下の軍隊によって、残虐行為が大規模に、しかも長期間にわたって行われた。畑は、これらのことを知っていながら、その発生を防止するために、なんらの措置もとらなかったか、それとも、無関心であって、捕虜と一般人を人道的に取扱う命令が守られているかどうかを知るために、なんらの方法も講じなかったかである。どちらの場合にしても、訴因第五十五で訴追されているように、かれは自己の義務に違反したのである。(『速記録』第一〇巻、七九六頁)

この判定では、「かれの指揮下の軍隊によって」とか、「これらのことを知っていながら……それとも、無関心であって」と記される。これは、多数派判事の適用した責任論が、指揮官責任論であることをあきらかにし、土肥原に対する判定と比べると改善点であった。しかし、どの証拠をどう審査してこの結論に至ったのかについては、まったく論述がない。そのため、結局は説得力に欠ける判定に終わっている。

　板垣征四郎は、土肥原と同じように満洲事変以後、陸軍組織内で昇進昇格の一途を遂げた。一九三六年には関東軍参謀長、翌年一九三七年には第五師団長に任命され、一九三八年から一九三九年までは陸軍大臣の地位を占めた。一九四一年から一九四五年初めまでは朝鮮軍司令官、一九四五年四月には第七方面軍司令官に任命された。

　この被告人については、法廷で比較的多くの連鎖証拠が受理されていた。そして、多数派判事はそれらを、多数意見の第八章「通例の戦争犯罪」に明記した。ところが、多数意見の第一〇章「判定」をみてみると、太平洋戦争末期の捕虜虐待のみがあつかわれ、そのほかの事件に関する連鎖証拠へは言及がなかった。第一〇章「判定」で忘れ去られている連鎖証拠は、全部で三つある。

　第一に、多数意見の第八章「通例の戦争犯罪」は、板垣が陸相だったときに陸軍省の発した文書、「支那事変地より帰還する軍隊及軍人の言動指導取締に関する件」（陸支密受第九七九号）をとりあげ、次のような事実認定を提供した。

> 漢口の占領の後、中国からの帰《ママ》った日本の兵隊たちは、中国における陸軍の非行の話を語り、かれらが奪ってきた掠奪品を自慢して見せた。日本に帰った兵隊のとったこの行為は、甚だ一般的なものとなったとみえて、板垣のもとにあった陸軍省は、国内と外国における芳しくない批評を避けることに努め、帰還将兵には、日本に到着したときに守るべき妥当な行動に

> ついて訓示を与えるように、現地の指揮官に特別な命令を発した。これらの特別命令は陸軍省兵務局兵務課でつくられ、『極秘』とされ、一九三九年二月に、板垣のもとにある陸軍次官によって発せられた。（『速記録』第一〇巻、七七〇頁、傍点は加筆）

この引用では、「板垣のもとにあった陸軍省」や、「板垣のもとにある陸軍次官」とくりかえしているため、この事件は板垣に対する判定で再度とりあげられると予期されよう。しかし、多数意見の第一〇章「判定」は、この文書へ言及すらしなかった。

第二に、多数意見の第八章「通例の戦争犯罪」には、「捕虜に対する侮辱」と題された節が設けられ、板垣が朝鮮軍司令官だったときに、連合軍捕虜を朝鮮半島に大量移送させた事実が記された。板垣のほか被告人三名の責任にも触れている。当該部分を引用する。

> 一九四二年三月四日に、陸軍次官木村は、板垣が司令官であった朝鮮軍の参謀長から、次のような電報を受取った。「半島人の米英崇拝観念を一掃して必勝の信念を確立せしむる為頗る有効にして、総督府及軍共に熱望しあるに付、英米俘虜各一千名を朝鮮に収容せられ度特に配慮を乞う」と。当時の朝鮮総督は南〔次郎〕であった。一九四二年三月五日に、木村は白人捕虜約一千名が朝鮮釜山に送られることになっていると回答した。一九四二年三月二十三日に、板垣は陸軍大臣東条に対して、捕虜を思想宣伝方面の目的に使用する計画について報告し、次のように述べた。「米英人俘虜を鮮内に収容し、朝鮮人に対し帝国の実力を現実

に認識せしむると共に、依然朝鮮人大部の内心抱懐せる欧米崇拝観念を払拭するための思想宣伝工作の資に供せんとするに在り」と。板垣はさらに続けて、第一収容所は朝鮮京城の元岩村製紙倉庫に置くことになっているといった。かれの初めの計画は、釜山の神学校に捕虜を収容することであったが、その建物は捕虜にはよすぎると木村が反対したので、その計画が放棄されたからである。計画の主要な点として、板垣は次のことを挙げた。報告の冒頭で述べた目的を達成するために、朝鮮主要都市で、特に民衆の心理状態がよくないところで、捕虜を種々な作業に使用すること、収容所の施設を最小限度に切り下げること、捕虜の収容、監督及び警戒に関しては、捕虜を朝鮮に送る目的に照らして、遺憾のないようにしなければならないこと。(『速記録』第一〇巻、七八四頁)

ここでは、朝鮮軍司令官の板垣、陸軍大臣だった東条、陸軍次官の木村、朝鮮総督の南次郎が、関係者として明記されている。しかし、多数意見の第一〇章「判定」では、いずれの被告人の場合にも、この事件への言及がなかった。

ただし、東条に対する判定では、「捕虜及び一般人抑留者の保護に対して、継続的責任を負っていた政府の最高首脳者」、「野蛮な取扱いは、東条によくわかっていた」、といった判定はあった。その事例としては、バターン死の行進、泰緬鉄道、中国人捕虜の虐待問題に触れている(前掲書、八〇五頁)。木村の場合も、「捕虜を作業に使用することを承認したが、その作業は、戦争法規によって禁止されている作業と、何千という捕虜の最大の艱難と死亡をもたらした状態における作業」であり、「この点で、かれは戦争法規の違反に積極的な形で参加した一人」、とは認定された（前掲書、七九九頁）。南の場合は、戦争犯罪について、「かれは無罪である」の一言で済ませている（前掲書、八〇一頁）。

第三に、多数意見の第八章「通例の戦争犯罪」では、検察側が提出していた「中支那派遣軍情勢判断提出（送付）の件」（中支参二第二六三号、一九三九年七月二四日付）に言及があった。この文書は、中支那派遣軍が一般市民に対して遂行した空爆について、板垣陸相が報告を受けたことを知らせるものであった（『速記録』第一巻、五七一頁）。多数意見の第八章から、当該部分を引用する。

蔣介石大元帥に対する援助を遮断するために、南方の軍事行動が進んでいたとき、中支那派遣軍参謀長は、一九三九年七月二十四日に、陸軍大臣板垣に送った情勢判断の中で、「陸軍航空部隊は奥地要地に攻撃を敢行し、敵軍及び民衆を震駭し、厭戦《えんせん》和平の機運を醞醸《うんじょう》す。奥地侵攻作戦の効果に期待するところのものは、直接敵軍隊又は軍事施設に与うる物質的損害よりも、敵軍隊又一般民衆に対する精神的脅威なりとす。彼等が恐怖の余り遂に神経衰弱となり、狂乱的に反蔣和平運動を激発せしむるに至るべきを待望するものなり」と述べている。（『速記録』第一〇巻、七六六～七頁）

この判定の「陸軍大臣板垣に送った情勢判断」というくだりから、多数派判事がこの文書を、板垣に対する連鎖証拠とみなしたと理解されよう。しかし、第一〇章「判定」では、この証拠に何らの言及もなかった。

このように、第八章「通例の戦争犯罪」に触れた連鎖証拠を第一〇章「判定」ではとりあげないというパターンは、多数意見に散見される。板垣はその顕著な例であった。

他方、板垣が第七方面軍司令官であったときの捕虜問題については、比較的くわしい事実認定が、第一〇章「判定」で提供されている。要旨は、次の六点にまとめられる。

・板垣の在任当時、ジャワ、スマトラ、マレー、アンダマンおよびニコバル諸島、ボルネオが、第七方面軍の指揮下にあった
・板垣軍司令官は、それらの地域に収容された捕虜に対して、食糧と医薬品を供給する責任があった
・法廷で弁護側は、日本の船舶に対する連合軍の攻撃のため、これらの地域への輸送が困難となったが、板垣は「できるだけのことをした」と弁明した（前掲書、七九八頁）
・第七方面軍は長期戦を予期し、補給品は使わず保存していた
・降伏後には、保存していた食糧と医薬品を「板垣の軍隊によって……収容所の使用に当てることができた」（前掲書、七九八頁）

この判定では、「できるだけのことをした」という弁護側の主張に依拠して、被告人が捕虜虐

待の事実を知っていた、と多数派判事は認定した。これは、不作為責任に相当すると考えられるが、訴因第五四について有罪との判定を受けた。

ここまで考察した事例は、有罪の根拠が不明瞭という問題が顕著だが、南京事件について責任を問われた松井石根は、その例外であった。

南京事件の争点は、本書の第四章であきらかにした。それらを受けて多数派判事は、判決の第八章「通例の戦争犯罪」に、「南京暴虐事件」と題した節を設け、事件全般についての事実関係を記述した。そして、第一〇章「判定」では、松井個人に対する事実認定をくわしく記した。やや長いが、第一〇章「判定」から、当該部分を引用する。

これらの恐ろしい出来事が最高潮にあったときに、すなわち十二月十七日に、松井は同市に入城し、五日ないし七日の間滞在した。自分自身の観察と幕僚の報告とによって、かれはどのようなことが起っていたかを知っていたはずである。憲兵隊と領事館員から、自分の軍隊の非行がある程度あったと聞いたことをかれは認めている。南京における日本の外交代表者に対して、これらの残虐行為に関する日々の報告が提出され、かれらはこれを東京に報告した。本裁判所は、何が起っていたかを松井が知っていたという充分な証拠があると認める。これらの恐ろしい出来事を緩和するために、かれは何もしなかったか、何かしたにしても、効果のあることは何もしなかった。同市の占領の前に、かれは自分の軍隊に対して、行動を厳正にせよという命令を確かに出し、その後さらに同じ趣旨の命令を出した。現在わかっているように、またかれが知っていたはずであるように、これらの命令はなんの効果もなかった。かれのために、当時かれは病気であったということが申し立てられた。かれの病気は、かれの指揮下の作戦行動を指導できないというほどのものでもなく、またこれらの残虐行為が起っている間に、何日も同市を訪問できないというほどのものでもなかった。これらの出来事に対して責任を有する軍隊を、かれは指揮していた。これらの出来事をかれは知っていた。かれは自分の軍隊を統制し、南京の不幸な市民を保護する義務をもっていたとともに、その権限をもっていた。この義務の履行を怠ったことについて、かれは犯罪的責任があると認めなければならない。（前掲書、八〇〇頁）

この判定では、注目される点が三つある。

第一に、ここでは、「知っていたという充分な証拠があると認める」と宣言するだけでなく、証拠の内容を簡潔ながら明示している。第二に、「かれは何もしなかったか、何かしたにしても、効果のあることは何もしなかった」についても、その依拠する事実関係を明記している。第三に、「かれは自分の軍隊を統制し、南京の不幸な市民を保護する義務をもっていたとともに、その権限をもっていた」という判断は、ニュルンベルク継続裁判で適用された「指揮官責任論」と合致し、占領地における軍司令官の責任論として適切といえる（Bushell, "The Charge of Command Responsibility" に論じられた「南東戦線将官裁判」（一九四八年二月結審）と「国防軍統合司令部裁判」（一九四八年一〇月結審）参照）。

戦後の東京裁判論では、パル判事による「日本無罪論」と相まって、松井に対する有罪判決を不当とみなす見解が根強い。しかし、松井に対する判定は、事実認定と責任論が適切に明記されており、多数意見のなかでは模範とみなせる判定であった。

㋺官庁の職員――岡・嶋田・佐藤・武藤

岡敬純は、一九四〇年一〇月から一九四四年七月まで、海軍省軍務局長の地位を占めた。検察側の立証では、海軍省を含め複数の省庁が、捕虜虐待に関する問い合わせの受け手であったことがあきらかにされていた。弁護側の反証では、陸軍とは別の捕虜管理システムを海軍省が設置し運営した、という証言が得られていた（本書の第四章第2節「検察側による立証努力の一例――東条英機」と第4節「海軍関係者による証言」参照）。

これらの証拠を踏まえ、多数意見の第八章「通例の戦争犯罪」には、「海軍もこの制度に関与」と題される節が盛り込まれた。そこでは、海軍省が海軍独自の捕虜行政を設置かつ運営したこと、そうしたシステムが、嶋田海相と岡軍務局長の指揮下にあったということが記された。当該部分は次のとおりである。

> 海軍は、その捕えた捕虜と抑留した一般人抑留者とを、すべて陸軍に引渡し、これに抑留と管理をさせるようになっていたが、多くの場合には、このことが行われず、または長い間遅れた。また、ある地域では、海軍が占領地域の行政管轄権を行使した。……海軍が占領した

これらの地域では、海軍大臣が捕虜と一般人抑留者を管理し、これらの地域における戦争法規の実施は、嶋田と岡の指揮のもとに、海軍の責任となった。（『速記録』第一〇巻、七八八頁、傍点は加筆）

この判定には、「嶋田と岡の指揮のもとに」というくだりがあるので、これら二名に対して有罪判決が予期されよう。ところが、多数意見の第一〇章では、いずれの被告人も戦争犯罪につき無罪宣告を受けた。

岡の無罪については、多数派判事は次の理由づけを提供した。

岡のいた海軍省は、捕虜の福祉に関係していたので海軍の兵員が捕虜に対して戦争犯罪を犯しつつあったことを、かれは知っていたか、知っているべきであったということを示すような、いくらかの証拠はある。しかし、刑事事件において、有罪と判定することを正当化する証拠の標準には、それは達していない。（前掲書、八〇一頁）

この判定では、海軍省が「捕虜の福祉に関係していた」とか、岡が捕虜虐待の事実を「知っていたか、知っているべきであったということを示すような、いくらかの証拠はある」と明記している。これらの事実認定は、多数意見の第二章「法」の基準に照らすと、岡を有罪と判断するべき根拠を成した。

嶋田の場合は、多数派判事は次の一文で無罪としている。

嶋田がこれらの事項に対して責任があるということ、かれが戦争犯罪の遂行を命令し、授権し、または許可したということ、または、これらの犯罪が行われていたことを知りながら、将来においてその遂行を防止するに充分な手段をとらなかったということを認定するのが正当であるとするには、証拠が不充分である。（前掲書、八〇三頁）

嶋田は、捕虜の福祉に関係していた官庁の大臣だったのみならず、閣僚でもあった。ならば、「閣僚責任」が適用されるべきかどうかの論述もなされるべきであった。

武藤章と佐藤賢了は、陸軍省軍務局長の地位を歴代占めた人物である。同局が捕虜の福祉に関係していた以上、この二人に対しても、捕虜虐待について有罪判決が予期された。しかし、多数派判事は、佐藤については次の理由で無罪と判断した。

日本の軍隊の行動に対する多くの抗議について、佐藤が知っていたことは、疑いがない。なぜなら、これらの抗議は、かれの局に送られ、陸軍省の局長の二週間ごとの会合で論議されたからである。これらの会合を主催した者は東条であって、かれこそ、これらの抗議に関して、措置をとるかとらないかを決定したのであり、かれの部下であった佐藤は、自分の上官の決定に反対して、みずから進んで予防的措置をとることはできなかった。（前掲書、八〇二頁）

この判定では、「佐藤が知っていたことは、疑いがない」とは認めるものの、東条の部下だった佐藤には、「自分の上官の決定に反対して、みずから進んで予防的措置をとることはできなかった」という。この判定は、多数意見の第二章「法」に示された責任の基準と矛盾するものであった。

武藤の場合はというと、第八章「通例の戦争犯罪」では、この被告人が陸軍省軍務局長だった旨が明記されたものの、第一〇章の「判定」は、その事実にまったく言及がない。その結果、軍務局長時代の責任問題は、不問に終わっている。

ただし、武藤は戦争末期に第一四方面軍の参謀長の地位を占めており、同軍の将兵がその当時、フィリピンで残虐事件をくりかえしていた。第一〇章「判定」で多数派判事は、その事実には触れ、武藤をこの件につき有罪と判断している（前掲書、八〇一頁）。有罪の根拠は明示されていないが、おそらく武藤が山下直属の部下だったことから、山下判決を踏襲する「秘密に命令されたか、故意に許された」の基準を適用した、と推測される。

㈧閣僚——平沼・木戸・広田・重光

かつて閣僚の地位を占めた者は、被告グループのうち全部で一六名であった（うち二名の永野と松岡は裁判中に死去）。

前節でたどったとおり、多数意見の第二章「法」によると、閣僚には連帯責任の論理が適用されるため、これら全員に有罪が予期された。しかし、多数意見の第一〇章「判定」に目を転じると、有罪判決を受けたのは四名のみとわかる。その内訳は、広田元外相、重光元外相、小磯元首相、東条元首相兼陸相であった。

ここでは、無罪二件（平沼、木戸）と有罪二件（広田、重光）を比較してみる。

平沼騏一郎は、枢密院副議長（一九二六〜三六年）、枢密院議長（一九三六〜九年）、総理大臣（一九三九年）等の要職を歴任し、重臣としても国策形成に関与してきた。平沼を戦争犯罪と直接結びつける検察側の証拠としては、一九三九年一月に総理大臣に就任してまもなく、帝国議会で提供した演説が挙げられる。そこには、日中戦争に関して、次のような宣言が記録されていた。

支那側に於きましても能く此の帝国の大精神を諒解し、聊かの疑惧も、何等の誤解も持つことなく、速に之に協力するのでなければ、東亜の新秩序建設は成らぬのであります。若し今日以後に於ても飽くまで之を理解することなく、抗日を継続する者に対しては、断固として之を潰滅することあるのみです。（『速記録』第四巻、二四一頁）

この演説では、現職の総理大臣が中国での継戦を擁護するのみならず、日本の「大精神を諒解」せず協力もしない抗日勢力は、「断固として之を潰滅する」と言明している。このような発言は、訴因第五四で有罪と判定する根拠とみなされ得た。

実際に多数派判事は、この演説を重視したようである。というのは、多数意見の第八章「通例の戦争犯罪」は、事実認定として次のように記しているからだ。

平沼は、一九三九年一月二十一日に議会における演説によって、かれのいわゆる「国民精神の高揚」を始めたが、その中で、「現下我国朝野を挙げて対処しつつあります支那事変に対しましては、曩《さき》に畏《かしこ》くも聖断を仰ぎ奉り、確固不動の方針が定められて居ります。現内閣に於きましても、固より此の方針を行っているのであります。支那側に於きましても此の帝国の大精神を諒解し、之に協力することを要望するものであります。飽くまでも之を理解することなきものに対しては、之を潰滅することであります。」と述べた。（『速記録』第一〇巻、七六七頁）

こうした事実認定を提供している以上、多数意見の第一〇章「判定」では、この演説を平沼に対する連鎖証拠として、再度とりあげると予期される。ところが、第一〇章「判定」は、そのような言及を一切含まなかった。そのかわりに、次のようなごく短い宣言により、戦争犯罪につき平沼を無罪と結論している。

訴因第三十三、第三十五、第五十四及び第五十五で訴追されている犯罪に、かれを直接結びつける証拠はない。従って、われわれは、これらの訴因について、かれを無罪と判定する。（『速記録』第一〇巻、七九六頁）

木戸幸一は、南京事件当時に文部大臣の地位を占め、法廷では木戸に対する連鎖証拠が一件受理されていた。それは、一九三八年二月一六日に開催された貴族院の予算委員会の記録である。その委員会では、中国における日本軍将兵の残虐行為が話題となり、木戸が政府を代表して軍律問題について答弁していた。検察側は、その記録を木戸に対する連鎖証拠として、提出したのである（『速記録』第七巻、二四二～三頁、『速記録』第八巻、三四六～七頁）。この書証を根拠として、木戸が犯罪の事実を「知っていたか、あるいは知っているべきだった」とみなすことは可能であり、木戸が閣僚であったことから、連帯責任の原則も適用されると予期された。

ところが、多数意見をみてみると、この連鎖証拠はどこにも言及されていない。ただ第一〇章「判定」では、次のような宣言により、木戸は戦争犯罪につき無罪と判断されている。

> 戦争犯罪に関しては、南京において残虐行為が行われた際に、木戸は閣僚であった。それを防止しなかったことに対する責任をかれに負わせるには、証拠が充分でない。（『速記録』第一〇巻、七九九頁）

この判定は、法廷で受理された連鎖証拠を無視し、無罪宣告で済ませている点で、平沼に対する判定と似ている。

参考までに、木戸は自分に対する無罪宣告を不可解に思ったようである。というのは、一九六四年に実施された面接聴取で、次のようなコメントを残しているからだ。

審理中私も南京事件に関する文相としての責任を鋭く追及されていたが、判定では証拠不充分ということで「無罪」とされた。

広田被告に対しては、議会の速記録まで持出して追及したが、同じ国務大臣として見れば、広田と私との間に果してどれだけの責任の差異があるのかよく判らない。（木戸『木戸幸一日記　東京裁判期』四四九頁、傍点は加筆）

このコメントは、広田も自分も国務大臣だった以上、同じ責任論が適用されるべきではないのかという問いかけであり、多数派判事の責任論が一貫していない問題を突いている。

平沼や木戸の事例と好対照を成すのは、広田弘毅と重光葵に対する判定である。

広田の場合、多数派判事はまず第八章「通例の戦争犯罪」にて、外務省関係者が南京事件に関する情報をどう処理したのか、事実関係をくわしく記した。そして、第一〇章「判定」では、ただ結論を宣告するのではなく、その理由を説明した。ここでは、第八章と第一〇章に記された事実認定をたどってみる。

第八章「通例の戦争犯罪」の当該部分は、次のとおりである。

南京における外交団の人々、新聞記者及び日本大使館員は、南京とその付近で行われていた

> 残虐行為の詳細を報告した。中国へ派遣された日本の無任所公使伊藤述史は、一九三七年九月から一九三八年二月まで上海にいた。日本軍の行為について、かれは南京の日本大使館、外交団の人々及び新聞記者から報告を受け、日本の外務大臣広田に、その報告の大要を送った。南京で犯されていた残虐行為に関して情報を提供するところの、これらの報告やその他多くの報告は、中国にいた日本の外交官から送られ、広田はそれらを陸軍省に送った。その陸軍省では、梅津が次官であった。これらは連絡会議で討議された。その会議には、総理大臣、陸海軍大臣、外務大臣広田、大蔵大臣賀屋、参謀総長及び軍令部総長が出席するのが通例であった。(『速記録』第一〇巻、七六九頁、傍点は加筆)

この事実認定では、「日本の外務大臣広田に、その報告の大要を送った」とか、「広田はそれらを陸軍省に送った」と記され、法廷で確保された証言が、広田に対する「連鎖証拠」を成すと認められていることがわかる。なお、この引用にみられる「連絡会議」とは、弁護側証人の石射猪太郎による元々の証言では、局長間での連絡会議を意味していたが、多数派判事はそれを大本営政府連絡会議と混同したようである。

第一〇章「判定」に目を転じると、そこでは「連絡会議」の言及はなぜか消えているが、広田が出先機関から報告を受けたことや陸軍省にかけあったことは、あらためて記された。当該部分は次のとおりである。

かれは外務大臣として、日本軍の南京入城直後に、これらの残虐行為に関する報告を受け取った。弁護側の証拠によれば、これらの報告は信用され、この問題は陸軍に照会されたということである。陸軍省から、残虐行為を中止させるという保証が受取られた。この保証が与えられた後も、残虐行為の報告は、少くとも一カ月の間、引続いてはいってきた。本裁判所の意見では、残虐行為をやめさせるために、直ちに措置を講ずることを閣議で主張せず、また同じ結果をもたらすために、かれがとることができた他のどのような措置もとらなかったということで、広田は自己の義務に怠慢であった。何百という殺人、婦人に対する暴行、その他の残虐行為が、毎日行われていたのに、右の保証が実行されていなかったことを知っていた。しかも、かれはその保証にたよるだけで満足していた。かれの不作為は、犯罪的な過失に達するものであった。（前掲書、七九七頁）

この判定によると、広田はたしかに「陸軍に照会」したという。しかし、残虐行為に関する報告を「少くとも一カ月の間」受けつづけ、陸軍が適切な処置をとっていないと気づいていたに違いない、と多数派判事は判断する。つまり、犯罪事件が続行していることを広田が「知っていた」、との意見である。にもかかわらず、広田が「直ちに措置を講ずることを閣議で主張」しなかったことから、これは不作為責任に当たり訴因第五五につき有罪、とのことであった。

重光葵に対する判定も、事実認定と適用される法理論がくわしく論じられた。まず基本的な事実として、多数意見の第一〇章「判定」では、捕虜虐待等に関する諸外国からの抗議を重光外相が受けたこと、「抗議に次ぐ抗議は、未回答のままであったか、遅延の理由を説明しないで、何カ月も遅れてようやく回答された」こと、そして、「回答された抗議は、例外なしに、苦情をいうべきことは何もないと否定された」ことが記された（前掲書、八〇三頁）。

つづけて、重光個人の責任を次のように論じた。

> 重光は、かれの承知していたこれらの事情からして、捕虜の取扱いが正当に行われていないという疑いを起したものとわれわれが認定しても、かれに対して不当なことにはならない。実際のところ、ある証人は、かれのために、この趣旨の証言をしたのである。ところが、閣僚として、捕虜の福祉について、かれは全般的な責任を負っていたにかかわらず、問題を調査させる充分な措置をとらなかった。かれは責任が果たされていないのではないかと疑っていたのであるから、この責任を解除されるために、問題を強く押し進め、必要ならば、辞職するというところまで行くべきであった。（前掲、傍点は加筆）

この引用では、「閣僚として……全般的な責任を負っていた」というくだりから、連帯責任の論理が適用されたと判断できる。同様にして、「この責任を解除されるために、問題を強く押し進め、必要ならば、辞職するというところまで行くべきであった」というくだりは、多数意見の第二章「法」に示された閣僚責任の基準が適用されたことを示す。最終的に重光は、訴因第五五につき有罪と宣告された。

戦後の東京裁判論では、広田と重光に対する有罪判決を不当とする見方が強い。しかし、この二つを平沼や木戸の事例と比較すると、有罪の根拠が明記されていることがわかり、これらはむしろ模範的な判定とみなせる。他方、そのほか多くの被告人に対する判定は、第八章「通例の戦争犯罪」に記された連鎖証拠がとりあげられないとか、第二章「法」の責任の基準が適用されない、といった問題が顕著であった。なぜ被告人に対する判定に、このような目立ったばらつきがあるのだろうか。

察するに、多数派判事は、平和に対する犯罪——とくに共同謀議論に根ざす戦争史——の記述に没頭するあまり、戦争犯罪まで十分手が回らず、また、戦争犯罪の証拠をくわしく審査する作業自体を嫌ったのではないだろうか。そのため戦争犯罪に関する各被告人に対する判定は、ぞんざいに済ませてしまった、と推測される。ただし南京事件や捕虜虐待については、関係各国の関心が高いことを多数派判事はおそらく意識し、これらの問題については、例外として模範的な判定を著したと考えられる。

判事たちに課された本来の仕事は、世間が話題にする二、三件を集中的に取り扱うのではなく、すべての被告人に対する各起訴事実につき、一貫した責任の基準を適用しつつ、すべての証拠を審査することであった。そのような作業はできるはずであり、実行するべきであった。そして、そのような作業が実際に可能であったことは、各被告人に対する判定に三八〇頁以上を費やしたウェブ判決書草稿が、雄弁に物語っている。

終　章　今日の国際刑事裁判にみる責任論

ここまで、東京裁判での争点と判決を分析してきた。終章では、東京法廷で適用された責任論が、今日どう生きつづけているかを考察する。

国際犯罪の種類

ニュルンベルクと東京両裁判所憲章では、「平和に対する犯罪」、「戦争犯罪」、「人道に対する犯罪」の三つが、国際犯罪として認められた。今日これらは、ハーグ常設国際刑事裁判所のローマ規程に引き継がれている。その第五条には、次のような記載がみられる。

　裁判所の管轄権は、国際社会全体の関心事である最も重大な犯罪に限定する。裁判所は、この規定に基づき次の犯罪について管轄権を有する。
（a）集団殺害犯罪
（b）人道に対する犯罪
（c）戦争犯罪

（d）侵略犯罪（ローマ規程の和訳はオンライン資料を利用、四〜五頁）

この条項のなかの「集団殺害犯罪」は、ジェノサイドのことである。この国際犯罪は、ニュルンベルクと東京裁判所憲章には含まれていなかったが、一九四八年に国連が「ジェノサイド条約」を採択して以来、広く認められるようになった。「侵略犯罪」については、これは「平和に対する犯罪」に相当する。

　これら四種の国際犯罪は、ローマ規程の第六、七、八条に定義されている。そのうち「侵略犯罪」は、ローマ規程採択時には定義づけが実現できていなかったが、二〇一〇年に修正事項として、第八条末尾に付記された。新たな定義には、次のようなくだりがみられ、ニュルンベルク・東京裁判時代の「平和に対する犯罪」が生きていることがわかる。

> 国の政治的もしくは軍事的行為を実質的に統制もしくは指導する地位にある人によって、侵略の行為を計画、準備、開始もしくは遂行することを意味する。（傍点は加筆、外務省ウェブサイトのローマ規程（和文）は一九九八採択当時のもので、二〇一〇年の修正事項を含まないため、ここでは筆者による和訳を提供）

この引用にみられる「侵略の行為を計画、準備、開始もしくは遂行すること」は、ニュルンベルク・東京裁判所憲章の流れを汲むものである。

なお、将来的に「侵略犯罪」を実行する者に対して、国際社会がどこまで責任追及できるかというと、見通しはあまり良くない。というのは、ハーグ常設国際刑事裁判所の管轄は、ローマ規程の加入国に限られ、非加入国に対しては、「侵略犯罪」の捜査や裁判を進めることはできないからだ。例えば、近年のロシアによる対ウクライナ侵攻は、ハーグ常設国際刑事法廷ではあつかわれ得ない。国際社会がこの事件について、責任追及を望むとすれば、特別法廷を設立する決議が国家間で採択されるなどの新たな処置が必要である。

個人責任の原則

ニュルンベルク・東京裁判所憲章は、国際犯罪を遂行した者に個人責任が問われる、という大原則が適用された。また、公務上の地位を理由に無答責という抗弁は成り立たないことが明記された。同じ原則は、次のような文言でローマ規程に引き継がれている。

第二十七条　公的資格の無関係

1　この規程は、公的資格に基づくいかなる区別もなく、すべての者についてひとしく適用する。特に、元首、政府の長、政府若しくは議会の一員、選出された代表又は政府職員としての公的資格は、いかなる場合にも個人をこの規程に基づく刑事責任から免れさせるものではなく、また、それ自体が減刑のための理由を構成するものでもない。（ローマ規程、二三四〜五頁）

ただし東京裁判では、連合諸国による高度な政治的決断により、日本の国家元首であった裕仁天皇は裁かれなかった（本書の第一章参照）。ニュルンベルク裁判の場合は、すでにヒトラーが敗戦時に自殺していたため、ドイツ国家元首の裁判如何について政策決定する必要がなかった。この点で、日本の事例と対照を成している。

冷戦後の国際社会では、大規模な人権侵害事件について、各地の国家元首に責任を追及する動きが高まった。そのきっかけは、ラテンアメリカのチリ元大統領アウグスト・ピノチェトが、スペイン司法の要請により、一九九八年にイギリスで逮捕されるという事件であった。ピノチェトは、やがて裁かれることなく帰国したが、チリにて裁判如何が争われ（二〇〇六年に死去）、そのほか三百名以上のチリ国軍将官等も裁かれる運びとなった。ラテンアメリカの近隣諸国でも、冷戦時代の旧軍事政権による人権侵害について、責任を追及する動きが広まった（**Wright**, *State Terrorism in Latin America* 参照）。

同じ頃、旧ユーゴやルワンダ国際法廷、シエラレオネ特別法廷、カンボジア特別法廷などで、世界各地で起こった人道に対する罪や戦争犯罪、およびジェノサイドについて裁判が進められた。被告人には、かつての国家元首や政府高官も含まれ、一定の成果がみられた。

しかし、こうした機運に反発する動きもある。一例として、フィリピン元大統領のロドリゴ・ドゥテルテが挙げられる。二〇一六年に大統領へと就任したドゥテルテは、麻薬犯罪撲滅キャンペーンの名のもとに警察部隊等を動員し、貧民層のフィリピン市民をつぎつぎと殺害させた。この問題についてハーグ常設国際刑事裁判所は、二〇二一年九月に捜査開始を発表したが、それを受けてフィリピン政府は、同裁判所から脱退した（国際刑事裁判所ウェブサイトの情報「Republic of the Philippines」参照）。現フィリピン大統領フェルディナンド・マルコス・ジュニア（二〇二二年〜）は、ドゥテルテ支持派であり、国際刑事法廷に協力する見通しは今のところ立っていない。

このように二一世紀の国際社会では、国際犯罪遂行者は国家元首でも免責されない、という大原則がありながら、その原則を実践に移すのはむずかしい。

責任の法理論——共同謀議論

東京裁判では、被告人と犯罪事件を結びつける責任の法理論として、主に次の三種が論じられた。

- 共同謀議論
- 犯罪遂行の命令・授権を論拠とする作為責任論
- 義務不履行を論拠とする不作為責任論

ローマ規程では、第二五条「個人の刑事責任」と題する条項が設けられ、ニュルンベルクや東京裁判に適用された責任論が生きている。ただし、ローマ規程では責任の基準がくわしく定められ、その点ではニュルンベルクや東京裁判所憲章と異なる。主要な部分を次に引用する。

第二五条　個人の刑事責任

……

いずれの者も、次の行為を行った場合には、この規程により、裁判所の管轄権の範囲内にある犯罪について刑事上の責任を有し、かつ、刑罰を科される。

（a）単独で、他の者と共同して、又は他の者が刑事上の責任を有するか否かにかかわりなく当該他の者を通じて当該犯罪を行うこと。

（b）既遂又は未遂となる当該犯罪の実行を命じ、教唆し、又は勧誘すること。

（c）当該犯罪の実行を容易にするため、既遂又は未遂となる当該犯罪の実行をほう助し、唆し、又はその他の方法で援助すること（実行のための手段を提供することも含む）。

（d）共通の目的をもって行動する人の集団による既遂又は未遂となる当該犯罪の実行に対し、その他の方法で寄与すること。ただし、故意に行われ、かつ、次のいずれかに該当する場合に限る。

（i）当該集団の犯罪活動又は犯罪目的の達成を助長するために寄与する場合。ただし、当該犯罪活動又は犯罪目的が裁判所の管轄権の範囲内にある犯罪の実行に関係する場合に限る。

（ii）当該犯罪を実行するという当該集団の意図を認識しながら寄与する場合。……（ローマ規程、三三－四頁）

この条項には、「共同謀議論」は明示されない。しかし、「単独で、他の者と共同して……当該犯罪を行うこと」とか、「共通の目的をもって行動する人の集団による……当該犯罪の実行」などにみられるとおり、団体規模で遂行される犯罪を念頭に置いた責任論は、維持されている。

参考までに、ハーグ常設国際刑事法廷に先んじて設置された旧ユーゴ国際刑事法廷（一九九三～二〇一七年）では、一種の共同謀議論とみられる「共同犯罪集団」（joint criminal enterprise、略称「JCE」）という責任論が、判例を重ねて発達した。国際法学者のあいだでは、その妥当性を疑問視する者もある。しかし、大規模かつ組織的な残虐行為が、二一世紀に入っても世界各地で起こっている以上、共通の犯罪目的をもって行動する集団を構成する者を裁く、というコンセプトは、国際刑事裁判所で重視されつづけるだろう（Ambos, "Joint Criminal Enterprise and Command Responsibility" 参照）。

不作為責任論――上官の責任

ローマ規程では、作為責任論と不作為責任論のうち、とくに後者の立証要件が細かく定められている。これは、不作為責任論が法廷で重用されることを予見しての処置と考えられる。東京裁判との接点を念頭に置きつつ、当該条項を引用する。

……

第二十八条　指揮官その他の上官の責任

（a）軍の指揮官又は実質的に軍の指揮官として行動する者は、その実質的な指揮及び管理の下にあり、又は状況に応じて実質的な権限及び管理の下にある軍隊が、自己が当該軍隊の管理を適切に行わなかった結果として裁判所の管轄権の範囲内にある犯罪を行ったことについて、次の（ⅰ）及び（ⅱ）の条件が満たされる場合には、刑事上の責任を有する。

（ⅰ）当該指揮官又は当該者が、当該軍隊が犯罪を行っており若しくは行おうとしていることを知っており、又はその時における状況によって知っているべきであったこと。

（ⅱ）当該指揮官又は当該者が、当該軍隊による犯罪の実行を防止し若しくは抑止し、又は捜査及び訴追のために事案を権限のある当局に付託するため、自己の権限の範囲内ですべての必要かつ合理的な措置をとることをしなかったこと。

（b）（a）に規定する上官と部下との関係以外の上官と部下の関係に関し、上官は、その実質的な権限及び管理の下にある部下が、自己が当該部下の管理を適切に行わなかった結果として裁判所の管轄権の範囲内にある犯罪を行ったことについて、次の（ⅰ）から（ⅲ）までのすべての条件が満たされる場合には、刑事上の責任を有する。……

〔以下省略〕（ローマ規程、三五～六頁、傍点は加筆）

この条項では、東京判決との比較から、四つの特色が指摘される。

第一に、東京法廷の上官責任論では、被告人と犯罪実行者とのあいだの法的上下関係が一つの争点だったが、ローマ規程では、形式上ではなく「実質的に」そのような関係があったことを要件とし、その旨を明示した。これは東京判決と比べて、ひとつの改善点とみなせる。第二に、ローマ規程の不作為責任論は、（b）項が示すとおり、軍指揮官のみならず文官にも適用され、文官を裁いた東京裁判が異例でなかったことを教えてくれる。第三に、「知っており、又は……知っているべきであった」といったくだりから、ローマ規程も東京判決と同様、犯罪の主観的要件を立証要件と判断しているとわかる。そして、第四に、「自己の権限の範囲内で」とのくだりから、ローマ規程で適用される責任の基準では、連帯責任論や権限外の措置を排除していると判断される。これも東京判決と比べると、ひとつの改善点であった。

なおローマ規程には、犯罪の主観的要件に関する条項も含まれ、そこでは「故意」、「認識」、「意図」という概念について、若干の説明が付記されている（ローマ規程、第三〇条）。これは、東京法廷のみならず今日の国際刑事法廷でも、主観的要件の類型をあきらかにするよう求められていることを示す。

おわりに

ハーグ常設国際刑事裁判所は、その設立から今日まで、世界各国のさまざまな犯罪事件の捜査を手がけ、裁判でも一定の成果があった。しかし、ハーグ常設国際法廷で裁判を実施するには、非常な時間と経費がかかるという難点がある。また、ローマ規程の適用にはさまざまな制約がある。その一例として、非加入国による「侵略犯罪」が管轄外である点は、先に指摘したとおりである。

とはいえ、「人道に対する犯罪」、「戦争犯罪」、「集団殺害犯罪」については規定が異なり、当事国からの要請があれば、非加入国でも捜査を進めることができる。実際ハーグ常設国際裁判所は、二〇一四年にロシアがクリミア半島を侵攻して以来、ウクライナ政府から要請を受けて、ロシアによる戦争犯罪や人道に対する犯罪の捜査を進めた。そして、二〇二二年にロシアが新たに対ウクライナ侵攻を開始すると、ハーグ裁判所はウクライナ政府から捜査の新たな依頼を受け、捜査を続行している（国際刑事裁判所ウェブサイトの情報「Ukraine」参照）。

こうして、二一世紀に入っても人類は、世界各地で組織的かつ大規模な国際犯罪を遂行し、それと当時に、国際犯罪遂行者に対して責任を問う努力もつづけている。こうした逆説的な人類の営みがつづく限り、市民社会を構成するわたしたち一人ひとりには、国際正義の基本原則を学び、実践していく権利と責務があると思う。この意味で、国際刑事裁判の歴史的先例であるニュルンベルク裁判と東京裁判は、古くて新しい歴史事件でありつづけるだろう。

引用文献

資料館・公文書館

偕行文庫、靖国神社

Arthur J. Morris Law Library, University of Virginia, United States

Australian War Memorial, Canberra, Australia

National Archives and Records Administration, College Park, MD, United States

National Archives of Australia, Melbourne, Australia

オンライン資料

〈和文〉

カイロ宣言、国立公文書館アジア歴史資料センター
https://www.jacar.archives.go.jp/das/meta/B02033037200

国策の基準、国立国会図書館
https://rnavi.ndl.go.jp/politics/entry/bib00118.php

戦争抛棄ニ関スル条約、Wikisource
https://ja.wikisource.org/wiki/%E6%88%B0%E7%88%AD%E6%8A%9B%E6%A3%84%E3%83%8B%E9%97%9C%E3%82%B9%E3%83%AB%E6%A2%9D%E7%B4%84

大日本帝国憲法、国立国会図書館
https://www.ndl.go.jp/constitution/etc/j02.html

内閣官制・御署名原本・明治二十二年・勅令第百三十五号、国立公文書館
https://www.digital.archives.go.jp/DAS/meta/Detail_F0000000000000014509

法廷証第三三〇四号：支那事変地ヨリ帰還スル軍隊及軍人ノ言動指導取締ニ関スル件：陸支密受第九七九號、国立国会図書館

https://dl.ndl.go.jp/pid/10280947/1/1
ポツダム宣言、国立国会図書館
https://www.ndl.go.jp/constitution/etc/j06.html
ヤルタ協定、国立国会図書館
https://www.ndl.go.jp/constitution/etc/j04.html
ローマ規程、外務省
https://www.mofa.go.jp/mofaj/gaiko/treaty/treaty166_1.html

〈英文〉

The Charter of the International Military Tribunal. Office on Genocide Prevention and the Responsibility to Protect, United Nations
https://www.un.org/en/genocideprevention/documents/atrocity-crimes/Doc.2_Charter%20of%20IMT%201945.pdf
Hirota v. MacArthur, 338 US 197. Justia US Supreme Court
https://supreme.justia.com/cases/federal/us/338/197/
In Re Yamashita, 327 US 1. Justia US Supreme Court
https://supreme.justia.com/cases/federal/us/327/1/
"Justice in Asia and the Pacific, 1945-1952." Online Exhibit, War Crimes Documentation Initiative, University of Hawaiʻi at Mānoa
https://manoa.hawaii.edu/wcdi/projects/justice-in-asia-and-the-pacific/
Model Penal Code, American Law Institute
https://www.ali.org/media/filer_public/23/5d/235db86d-f32c-4b7a-b441-b714a53c7981/mpc-culpability-requirements-202.pdf.
Moscow Declaration, The Avalon Project, Yale Law School Lillian Goldman Law Library
https://avalon.law.yale.edu/wwii/moscow.asp
Nuremberg Principles, International Law Commission, Office of Legal Affairs, United Nations

https://legal.un.org/ilc/texts/instruments/english/draft_articles/7_1_1950.pdf
Republic of the Philippines: Situations in the Republic of the Philippines, International Criminal Court
https://www.icc-cpi.int/philippines
Rome Statute, International Criminal Court
https://www.icc-cpi.int/sites/default/files/RS-Eng.pdf
Sissons, D. C. S., "Australian War Crimes Trials and Investigations（1942-1951）"
https://www.ocf.berkeley.edu/~changmin/documents/Sissons%20Final%20War%20Crimes%20Text%2018-3-06.pdf
Ukraine: Situation in Ukraine, International Criminal Court
https://www.icc-cpi.int/ukraine
Webb Draft Judgment, War Crimes Documentation Initiative, University of Hawai'i at Mānoa
https://manoa.hawaii.edu/wcdi/projects/webb-draft-judgment/

刊行文献：資料・学術書・研究論文等

〈和文〉

粟屋憲太郎『東京裁判への道』講談社学術文庫、二〇一三年
粟屋憲太郎、ハーバート・ビックス、豊田雅幸編『東京裁判と国際検察局——開廷から判決まで』全五巻、現代史料出版、二〇〇〇年
粟屋憲太郎、永井均、豊田雅幸編『東京裁判への道——国際検察局・政策決定関係文書』全五巻、現代史料出版、一九九九年
木戸日記研究会校訂『木戸幸一日記』上下巻、東京大学出版会、一九六六年
木戸日記研究会編集校訂『木戸幸一日記　東京裁判期』東京大学出版会、一九八〇年
デーヴィッド・コーエン、戸谷由麻『東京裁判「神話」の解体——パル、レーリンク、ウェブ三判事の相克』ちくま新書、二〇一八年
『極東国際軍事裁判速記録』全一〇巻、雄松堂、一九六八年
原田熊雄述、近衛泰子筆記『西園寺公と政局』全九巻、岩波書店、一九五一〜二年

重光葵『巣鴨日記』文藝春秋新社、一九五三年
山極晃、中村政則編『資料日本占領1　天皇制』大月書店、一九九〇年
武田珂代子『東京裁判における通訳』みすず書房、二〇〇八年
田中英夫編『英米法辞典』東京大学出版会、一九九一年
寺崎英成、マリコ・テラサキ・ミラー編著『昭和天皇独白録――寺崎英成・御用掛日記』文藝春秋、一九九一年
戸谷由麻『東京裁判――第二次大戦後の法と正義の追求』みすず書房、二〇〇八年
戸谷由麻『不確かな正義――ＢＣ級戦犯裁判の軌跡』岩波書店、二〇一五年
中里成章『パル判事――インド・ナショナリズムと東京裁判』岩波新書、二〇一一年
日暮吉延『東京裁判』講談社現代新書、二〇〇八年

〈英文〉

Ambos, Kai. "Joint Criminal Enterprise and Command Responsibility," *Journal of International Criminal Justice*, 2007, Vol.5 (1), pp.159-183.
Blakeslee, George Hubbard. *The Far Eastern Commission: A Study in International Cooperation, 1945 to 1952*. Washington, DC: Department of State, 1953.
Boister, Neil, and Robert Cryer, eds. *Documents on the Tokyo International Military Tribunal*. Oxford University Press, 2008
Bushell, Peter. "The Charge of Command Responsibility: An Examination of Command Responsibility in the Post-WWII War Crime Trials of Axis Powers." M.A. Thesis in History, University of Hawai'i at Mānoa, May 2022.
Cohen, David, and Yuma Totani. *The Tokyo War Crimes Tribunal: Law, History, and Jurisprudence*. Cambridge University Press, 2018.
Documents on Australian Foreign Policy, 1937-1949. 16 vols. Canberra: Australian Government Publishing Service, 1975-2001. オーストラリア外務省ウェブサイトにて、オンラインアクセス可：https://www.dfat.gov.au/about-us/publications/historical-documents/Pages/historical-documents
Documents on New Zealand External Relations. Vol. II: The Surrender and Occupation of Japan. New Zealand:

P.D. Hasselberg, Government Printer, 1982.

Foreign Relations of the United States. U.S. Department of State. Washington, DC: U.S. Government Printing Office（Office of the Historian, US Department of State）. アメリカ国務省ウェブサイトにて、オンラインアクセス可：https://history.state.gov/historicaldocuments

Horwitz, Solis. "The Tokyo Trial." *International Conciliation*, no. 465（November 1950）：pp. 473-584.

Oppenheim, L., and Hersch Lauterpacht. *International law: A Treatise, Vol. 2: Disputes, War and Neutrality*, 6th Edition. London: Longmans, Green and Co., 1944.

Reel, A. Frank. *The Case of General Yamashita*. Chicago: The University of Chicago Press, 1949.

Report of Robert H. Jackson, United States Representative to the International Conference on Military Trials, London 1945: A Documentary Record of Negotiations of the Representatives of the United States of America, Culminating in the Agreement and Charter of the International Military Tribunal. New York: AMS Press, 1971.

The Tokyo War Crimes Trial. 22 vols. Annotated, compiled, and edited by R. John Pritchard, Sonia Magbanua Zaide, and David Cameron Watt. New York: Garland, 1981.

The Tokyo War Crimes Trial: The Comprehensive Index and Guide. 5 vols. Annotated, compiled, and edited by R. John Pritchard and Sonia Magbanua Zaide. New York and London: Garland, 1985.

Trial of the Major War Criminals before the International Military Tribunal: Nuremberg, 14 November 1945 – 1 October 1946. 42 vols. Nuremberg, Germany, 1947-9.

United Nations War Crimes Commission. *Law Reports of the Trials of War Criminals*. 15 vols. London: H.M.S.O. for the Commission, 1947-1949.

Wright, Thomas C. *State Terrorism in Latin America: Chile, Argentina, and International Human Rights*. Rowman & Littlefield Publishers, Inc. 2007.

や行

ら行

わ行

た行

な行

は行

ま行

人名索引

戸谷由麻 とたに・ゆま

カリフォルニア大学バークレー校歴史学部で博士号取得。現在、ハワイ大学歴史学部教授。著書『東京裁判「神話」の解体――パル、レーリンク、ウェブ三判事の相克』（共著、ちくま新書）、『東京裁判――第二次大戦後の法と正義の追求』（みすず書房）、『不確かな正義――BC級戦犯裁判の軌跡』（岩波書店）。

デイヴィッド・コーエン David Cohen

スタンフォード大学古典学部教授。同大学「人権と国際正義のためのセンター」教授および事務局長。著書『東京裁判「神話」の解体――パル、レーリンク、ウェブ三判事の相克』（共著、ちくま新書）、*Law, Violence, and Community in Classical Athens* (Cambridge University Press, 1995) など多数。

筑摩選書 0257

実証研究《じっしょうけんきゅう》 東京裁判《とうきょうさいばん》

被告《ひこく》の責任《せきにん》はいかに問《と》われたか

二〇二三年六月一五日 初版第一刷発行

著　者 戸《と》谷《たに》由《ゆ》麻《ま》
デイヴィッド・コーエン

発行者 喜入冬子

発行所 株式会社筑摩書房
東京都台東区蔵前二-五-三 郵便番号 一一一-八七五五
電話番号 〇三-五六八七-二六〇一（代表）

装幀者 神田昇和

印刷 製本 中央精版印刷株式会社

 ISBN978-4-480-01777-2 C0321

筑摩選書
0076

民主主義のつくり方

宇野重規

民主主義への不信が募る現代日本。より身近で使い勝手のよいものへと転換するには何が必要なのか。〈プラグマティズム〉型民主主義に可能性を見出す希望の書！

筑摩選書
0105

昭和の迷走
「第二満州国」に憑かれて

多田井喜生

破局への分岐点となった華北進出は、陸軍の暴走と勝田主計の朝鮮銀行を軸にした通貨工作によって可能となった。「長城線を越えた」特異な時代を浮き彫りにする。

筑摩選書
0109

法哲学講義

森村 進

法哲学とは、法と法学の諸問題を根本的・原理的レベルから考察する学問である。多領域と交錯するこの学を、第一人者が法概念論を中心に解説。全法学徒必読の書。

筑摩選書
0114

孔子と魯迅
中国の偉大な「教育者」

片山智行

古代の混沌を生きた孔子は人間性の確立を、近代の矛盾に立ち向かった魯迅は国民性の改革をめざした。国家と社会の「教育」に生涯を賭けた彼らの思想と行動を描く。

筑摩選書
0116

戦後日本の宗教史
天皇制・祖先崇拝・新宗教

島田裕巳

天皇制と祖先崇拝、そして新宗教という三つの柱を軸に、戦後日本の宗教の歴史をたどり、日本社会と日本人の精神がどのように変容したかを明らかにする。

筑摩選書
0117

戦後思想の「巨人」たち
「未来の他者」はどこにいるか

高澤秀次

「戦争と革命」という二〇世紀的な主題は「テロリズムとグローバリズムへの対抗運動」として再帰しつつある。「未来の他者」をキーワードに継続と変化を再考する。

筑摩選書 0168

ルポ　プーチンの戦争
「皇帝」はなぜウクライナを狙ったのか

真野森作

戦争が続くウクライナの現実。訓練された謎の覆面部隊、撃墜された民間航空機、クリミア半島のロシア編入……。何が起こっているか。ロシアの狙いは何なのか。

筑摩選書 0171

「抗日」中国の起源
五四運動と日本

武藤秀太郎

建国の源泉に「抗日」をもつ中国。この心性は五四運動を起点とするが、当初は単なる排外主義ではなかった――。新史料をもとに、中国のジレンマを読み解く。

筑摩選書 0174

台湾物語
「麗しの島」の過去・現在・未来

新井一二三

ガイドブックよりも深く知りたい人のために！　台湾でも活躍する作家が、歴史、ことば、民俗、建築、映画、そして台北、台中、台南などの街と人々の物語を語る。

筑摩選書 0175

林彪事件と習近平
中国の権力闘争、その深層

古谷浩一

世界を驚かせた林彪事件。毛沢東暗殺計画の発覚後、林彪は亡命を図るが、搭乗機は墜落。その真相に迫る。習近平の強権政治の深層をも浮かび上がらせた渾身作！

筑摩選書 0179

南方の志士と日本人
インドネシア独立の夢と昭和のナショナリズム

林　英一

インドネシア人初の日本留学生たる二人は独立の志士。戦前から戦後にかけて「親日」と「反日」の間を揺れ動き、壮絶な人生を送った彼らと日本人との交流を描く。

筑摩選書 0181

天皇と戸籍
「日本」を映す鏡

遠藤正敬

日本人たることを〝証明〟する戸籍、戸籍をもたない天皇家。いずれも「血統」等の原理に支えられてきた。両者の関係をあぶり出し、「日本」を問い直す渾身作！

筑摩選書
0231

「天下の大勢」の政治思想史
頼山陽から丸山眞男への航跡

濱野靖一郎

丸山眞男が言う日本人の「勢い」の意識とは何か。頼山陽、阿部正弘、堀田正睦、勝海舟、木戸孝允、徳富蘇峰の天下の大勢をめぐる思想から日本近代史を読み直す。

筑摩選書
0232

日清・日露戦史の真実
『坂の上の雲』と日本人の歴史観

渡辺延志

『日清戦史』草稿の不都合な事実はなぜ隠蔽されたか。『日露戦史』でもなされた戦史改竄が遺した禍根を考察し、『坂の上の雲』で形成された日本人の歴史観を問い直す。

筑摩選書
0239

闘う図書館
アメリカのライブラリアンシップ

豊田恭子

トランプ政権との対立、コロナウイルスの蔓延、デジタル化の波、格差の拡大——、理念と現実の狭間で民主主義の根幹を支えるアメリカ図書館界の奮闘を活写する。

筑摩選書
0241

基地はなぜ沖縄でなければいけないのか

川名晋史

沖縄に米軍基地が集中し、その状態が続くのはなぜか？この問題の解決策とは？　基地問題の「解決」をめぐり論争が続く今、基地研究の成果を世に問う渾身の書！

筑摩選書
0242

日本の戦略力
同盟の流儀とは何か

進藤榮一

日本が没落したのは戦略の不在ゆえである。プラザ合意以降の日米同盟における戦略的思考の欠落を検証。混乱を極める世界で日本が生き残る戦略の構築を提唱する。

筑摩選書
0245

平和憲法をつくった男 鈴木義男

仁昌寺正一

日本国憲法第9条に平和の文言を加え、25条の生存権を追加することで憲法に生命を吹き込んだ法律家・政治家「ギダンさん」。その生涯をたどるはじめての本格評伝。

筑摩選書 0248

敗者としての東京

巨大都市の「隠れた地層」を読む

吉見俊哉

江戸＝東京は1590年の家康、1869年の薩長軍、1945年の米軍にそれぞれ占領された。「敗者」としての視点から、巨大都市・東京を捉え直した渾身作！

筑摩選書 0250

丸山眞男と加藤周一

知識人の自己形成

山辺春彦　鷲巣力／東京女子大学丸山眞男記念比較思想研究センター　東京女子大学丸山眞男記念比較思想研究センター 監修

戦後日本を代表する知識人はいかにして生まれたのか？出生から敗戦まで、豊富な資料とともに二人の自己形成過程を比較対照し、その思想の起源と本質に迫る。

筑摩選書 0251

戦後空間史

都市・建築・人間

戦後空間研究会 編

住宅、農地、震災、運動、行政、アジア…戦後の都市・近郊空間と社会を考える。執筆：青井哲人、市川紘司、内田祥士、中島直人、中谷礼仁、日埜直彦、松田法子

筑摩選書 0254

日本政教関係史

宗教と政治の一五〇年

小川原正道

統一教会問題でも注目を集めている政治と宗教の関係の変遷を、近現代の様々な事例をもとに検証。信教の自由と政教分離の間で揺れ動く政教問題の本質に迫る。

筑摩選書 0255

日本人無宗教説

その歴史から見えるもの

藤原聖子 編著

「日本人は無宗教だ」とする言説の明治以来の系譜をたどり、各時代の日本人のアイデンティティ意識の変遷を解明する。宗教意識を裏側から見る日本近現代宗教史。

筑摩選書 0256

隣国の発見

日韓併合期に日本人は何を見たか

鄭大均

日韓併合期に朝鮮半島に暮らした日本人は、その自然や文化に何を見たのか。安倍能成、浅川巧ら優れた観察者のエッセイを通じて、朝鮮統治期に新たな光を当てる。